චතුරාර්ය සත්‍යාවබෝධයට ධර්ම දේශනා....

ලෝකය
හැදෙන හැටි

පූජ්‍ය කිරිබත්ගොඩ ඤාණානන්ද ස්වාමීන් වහන්සේ

චතුරාර්ය සත්‍යාවබෝධයට ධර්ම දේශනා....

ලෝකය හැදෙන හැටි

පූජ්‍ය කිරිබත්ගොඩ ඤාණානන්ද ස්වාමීන් වහන්සේ

© සියලුම හිමිකම් ඇවිරිණි.

ISBN : 978-955-0614-65-3

ප්‍රථම මුද්‍රණය : ශ්‍රී බු.ව. 2555 ක් වූ උඳුවප් මස පුන් පොහෝ දින
දෙවන මුද්‍රණය : ශ්‍රී බු.ව. 2556 ක් වූ බිනර මස පුන් පොහෝ දින
තෙවන මුද්‍රණය : ශ්‍රී බු.ව. 2556 ක් වූ මැදින් මස පුන් පොහෝ දින
සිව්වන මුද්‍රණය : ශ්‍රී බු.ව. 2557 ක් වූ වප් මස පුන් පොහෝ දින

- සම්පාදනය -

මහමෙව්නාව භාවනා අසපුව
වඩුවාව, යටිගල්ඔළුව, පොල්ගහවෙල.
දුර : 037 2244602
info@mahamevnawa.lk | www.mahamevnawa.lk

- පරිගණක අකුරු සැකසුම, පිටකවර නිර්මාණය සහ ප්‍රකාශනය -

මහාමේඝ ප්‍රකාශකයෝ
වඩුවාව, යටිගල්ඔළුව, පොල්ගහවෙල.
දුර : 037 2053300, 0773216685
mahameghapublishers@gmail.com | www.mahameghapublishers.com

- මුද්‍රණය -

ලීඩ්ස් ග්‍රැෆික්ස් (පුද්.) සමාගම,
අංක 356 E, පන්නිපිටිය පාර, තලවතුගොඩ.

චතුරාර්ය සත්‍යාවබෝධයට ධර්ම දේශනා....

ලෝකය
හැදෙන හැටි

පූජ්‍ය කිරිබත්ගොඩ ඤාණානන්ද ස්වාමීන් වහන්සේ
විසින් පවත්වන ලද සදහම් වැඩසටහන් වලදී දේශනා කරන ලද
සූත්‍ර දේශනා ඇසුරෙනි.

මහාමේඝ
MAHAMEGHA

ප්‍රකාශනයකි

පෙළගැස්ම....

"දසබලසේලප්පභවා නිබ්බානමහාසමුද්දපරියන්තා
අට්ඨංග මග්ගසලිලා ජිනවචනනදී චිරං වහතූති"

දසබලයන් වහන්සේ නමැති ශෛලමය පර්වතයෙන් පැන නැගී
අමා මහා නිවන නම් වූ මහා සාගරය අවසන් කොට ඇති
ආර්ය අෂ්ටාංගික මාර්ගය නම් වූ සිහිල් දිය දහරින් හෙබි
උතුම් ශ්‍රී මුඛ බුද්ධ වචන ගංගාව
(ලෝ සතුන්ගේ සසර දුක නිවාලමින්)
බොහෝ කල් ගලාබස්නා සේක්වා!

(සළායතන සංයුත්තය - උද්දාන ගාථා)

.

නමෝ තස්ස භගවතෝ අරහතෝ සම්මාසම්බුද්ධස්ස
ඒ භාග්‍යවත් අරහත් සම්මා සම්බුදුරජාණන් වහන්සේට නමස්කාර වේවා!

01.
අග්ගඤ්ඤ සූත්‍රය
(දීඝ නිකාය 3 - පාථික වර්ගය)

ශ්‍රද්ධාවන්ත පින්වතුනි,

අද අපි ඉගෙන ගන්නේ දීඝ නිකායේ තුන්වන කොටසට අයිති සූත්‍ර දේශනාවක්. මේ දේශනාවේ නම අග්ගඤ්ඤ සූත්‍රය. මේ දේශනාවෙන් බුදුරජාණන් වහන්සේ ඉස්මතු කොට පෙන්වා තියෙන්නේ මෙලොව පරලොව දෙකේදීම මේ සත්වයාට පිහිට පිණිස පවතින්නේ ධර්මයයි කියන කාරණයයි. මේ අග්ගඤ්ඤ සූත්‍රයේ සඳහන් වෙනවා ලෝක විනාශයක් සිදුවුණාට පස්සේ මේ ලෝකයේ ජීවත්වෙන සත්වයන් ආයෙමත් මනුස්සයන් හැටියට සකස්වෙලා යන්නේ කොහොමද කියලා. මේ දේශනාව ඉගෙන ගනිද්දී බුදුරජාණන් වහන්සේට මේ ලෝකය ගැන තියෙන අවබෝධය කොයිතරම් පුළුල්, කොයිතරම් විස්මයජනක එකක්ද කියලා ඔබටම තේරුම් ගන්න පුළුවන් වෙයි.

ධර්මය මිසක් පුද්ගලික අර්ථකථන එපා...

මේ ලෝකයේ කෙනෙකුට ඉතාමත්ම කලාතුරකින් තමයි බුදුරජාණන් වහන්සේ වදාළ දේශනාවක් ඒ ආකාරයෙන්ම අහන්න ලැබෙන්නේ. බොහෝවිට සිද්ධ වෙන්නේ බුද්ධ දේශනාවක් මුල් කරගෙන තම තමන් ගේ පෞද්ගලික මතවාද ධර්මය හැටියට ඉදිරිපත් කිරීම විතරයි. අන්තිමේදී ඒක අහගෙන ඉන්න පිරිස 'බුද්ධ දේශනාවක් ශ්‍රවණය කරනවා' කියලා හිතාගෙන අහලා තියෙන්නේ ධර්මය කෙරෙහි ශ්‍රද්ධාවක් නැති කෙනෙකු ගේ පෞද්ගලික අර්ථ විවරණ ටිකක් මිසක් බුදුරජාණන් වහන්සේගේ දේශනාවක් නොවෙයි.

එබඳු දෙයක් සිද්ධ වෙන්නේ එකම එක දෙයක් තමන් තුළ නැතිවීම නිසයි. ඒ තමයි ශ්‍රද්ධාව. ශ්‍රද්ධාව නැතිවීමෙන් තමයි බුදුරජාණන් වහන්සේගේ ඉගැන්වීම ඒ ආකාරයටම පිළිගන්නේ නැතුව තම තමන්ගේ පෞද්ගලික අදහස්වලට ගලපා ගලපා 'ඔහොම තිබ්බට මේකේ අදහස මෙහෙමයි' කියලා ධර්මය හැටියට තමන්ගේ අදහස් ඉදිරිපත් කරන්නේ.

නමුත් යම්කිසි කෙනෙක් බුදුරජාණන් වහන්සේ වදාළ දේශනාවක් ඒ ආකාරයෙන්ම ශ්‍රවණය කළා නම් ඒක එයාට ලොකු අස්වැසිල්ලක්. ඒ දේශනාව ශ්‍රවණය කළාට පස්සේ ලොකු සැනසීමක් දැනෙනවා. මට මතකයි සමහර දවස්වල මම බුද්ධ දේශනා කියවද්දී මගේ හිතේ ඇතිවෙච්ච ප්‍රීතිය දවස් දෙක තුනේ තියෙනවා. අන්න එහෙම දෙයක් මේ බුද්ධ දේශනා තුළ තියෙනවා. හැබැයි ඒ සතුට ඇතිවෙන්න නම් බුදුරජාණන් වහන්සේගේ දේශනාවන් ගැන හිතේ පැහැදීමක් තියෙන්න ඕන.

මේ දේශනාව කරද්දී බුදුරජාණන් වහන්සේ වැඩ සිටියේ සැවැත් නුවර පූර්වාරාමය කියන මිගාරමාතු ප්‍රාසාදයේ. මිගාරමාතු ප්‍රාසාදයයි පූර්වාරමයයි කියලා කියන්නේ එකම ස්ථානයකට. විශාඛා මහා උපාසිකාව යට තට්ටුවේ කාමර පන්සීයකුත්, උඩ තට්ටුවේ කාමර පන්සියයකුත් එක්ක කාමර දාහකින් යුතු ආරාමයක් තමයි බුදුරජාණන් වහන්සේ ප්‍රමුඛ මහා සංඝරත්නයට පූජාකළේ. 'මිගාර' කියලා කියන්නේ විශාඛා මහා උපාසිකාව විවාහවුණු පවුලේ පෙළපත් නාමය. විශාඛාවගේ තිබ්බ ගතිගුණ නිසා ඒ පවුලේ සියලු දෙනාම 'මිගාර මාතා' කියන ගෞරව නාමයෙනුයි ඇයව හැඳින්වූයේ. අන්න ඒ විශාඛාව තමයි මේ පූර්වාරාමය එහෙමත් නැත්නම් මිගාර මාතු ප්‍රාසාදය හදවලා සඟ සතු කොට පූජා කළේ.

ධර්ම ශ්‍රවණයට අහිංසක වෑයමක්...

ඒ දවස්වල වාසෙට්ඨ සහ භාරද්වාජ කියලා සාමණේර ස්වාමීන් වහන්සේලා දෙනමක් උපසම්පදාව පිණිස පුහුණුවෙමිනුයි හිටියේ. එදා බුදුරජාණන් වහන්සේ පූර්වාරාම විහාරයේ සෙවණ තියෙන පැත්තක සක්මන් කරමින් වැඩසිටියා. මේක දැකලා අර ස්වාමීන් වහන්සේලා දෙනම කතා වුණා "අන්න බුදුරජාණන් වහන්සේ සක්මන් කරමින් වැඩඉන්නවා. අපි එතැනට යමු. ඒ හරියේ හිටියොත් බුදුරජාණන් වහන්සේගෙන් බණ ටිකක් අහන්න අවස්ථාව ලැබෙයි" කියලා. එහෙම හිතලා මේ ස්වාමීන් වහන්සේලා දෙනමත් ඊට ටිකක් එහායින් සක්මන් කරන්න පටන් ගත්තා.

අපිත් සමහර විට ඔහොම කරනවානේ. කවුරු හරි කෙනෙක් එහාට මෙහාට සක්මන් කර කර ඉන්න කොට

කතාවකට පැටලෙන්න ඕනකමක් තියෙනවා නම් අපිත් හෙමිහිට ගිහින් එයත් එක්ක සක්මන් කරනවා. එතකොට එයා මොනව හරි අහනකොට අපි උත්තර දෙනවා. එහෙමයි කතාවට අල්ලා ගන්නේ. මෙතැනත් සිදුවුණේ එහෙම දෙයක්.

බ්‍රාහ්මණයන්ගේ නින්දා අපහාස...

ඉතින් මේ ස්වාමීන් වහන්සේලා දෙනම සක්මන් කර කර ඉන්න කොට බුදුරජාණන් වහන්සේ ඒ අය දිහා බලලා අහනවා "වාසෙට්ඨයිනි, ඔබ ඉතාමත් උසස් යැයි සම්මත බ්‍රාහ්මණ කුලයෙන් නික්මිලා මේ ශ්‍රමණ ජීවිතයට පත්වුණ කෙනෙක්. මේ ගැන බ්‍රාහ්මණ සමාජයේ උදවිය ඔබට දොස් කියන්නේ එහෙම නැද්ද? ආක්‍රෝෂ පරිභව කරන්නේ එහෙම නැද්ද?" එතකොට වාසෙට්ඨ සහ භාරද්වාජ කියන ස්වාමීන් වහන්සේලා කියා සිටියා "අනේ භාග්‍යවත් බුදුරජාණන් වහන්ස, ඒ බ්‍රාහ්මණ පිරිස ආක්‍රෝෂමයි කරන්නේ. පරිභවමයි කරන්නේ. නොයෙක් ආකාරයෙන් නින්දා අපහාසමයි කරන්නේ" කියලා. බුදුරජාණන් වහන්සේ අහනවා "වාසෙට්ඨයෙනි, ඒ බ්‍රාහ්මණයින් ඔබට නින්දා අපහාස කරන්නේ කොහොමද?"

එතකොට වාසෙට්ඨ භාරද්වාජ කියන ස්වාමීන් වහන්සේලා දෙනම කියනවා "අනේ! භාග්‍යවත් බුදුරජාණන් වහන්ස, බ්‍රහ්මණයෝ අපට බණින්නේ මේ විදිහටයි. "බ්‍රාහ්මණයෝම තමයි ශ්‍රේෂ්ඨ. අනිත් අය ඔක්කොම හීනයි. බ්‍රාහ්මණයන්ම තමයි වර්ණවත් උසස්. අනිත් අය ඔක්කොම හීනයි. බ්‍රාහ්මණයන්ම තමයි පිරිසිදු. අනිත් අය ඔක්කොම අපිරිසිදුයි. බ්‍රාහ්මණයෝ කියලා

කියන්නේ මහා බ්‍රහ්මයාගේ පුතාලා. මහා බ්‍රහ්මයාගේ කටින් ඉපදිච්ච උදවිය. (මුඛතෝ ජාතා) බ්‍රාහ්මණයෝ කියන්නේ මහා බ්‍රහ්මයා වමනේ දාපු අය. මහා බ්‍රහ්මයා විසින් මවපු බ්‍රහ්මයාගේ දායාදය ලබපු උදවියයි" කියලා.

ඒ අය මහා බ්‍රහ්මයා කියලා කියන්නේ දන් දෙවියන් වහන්සේ කියලා සලකන කෙනාටයි. බ්‍රාහ්මණ සමාජය තුළ තිබ්බෙත් දේව මැවිල්ලමයි. බ්‍රාහ්මණයෝ තමයි මහා බ්‍රහ්මයාගේ කටින් ආපු අය. අනිත් අය ඔක්කෝම මවලා තියෙන්නේ මහා බ්‍රහ්මයාගේ එක එක තැන් වලින්. ක්ෂත්‍රීය සමාජය මහා බ්‍රහ්මයාගේ අත් දෙකින් මැව්වලු. වෛශ්‍ය සමාජය මවලා තියෙන්නේ මහා බ්‍රහ්මයාගේ කලවා වලින්ලු. ඊළඟට ශුද්‍ර සමාජය මවලා තියෙන්නේ මහා බ්‍රහ්මයාගේ යටිපතුලෙන්ලු. ඒවායේ කියන විදිහට මේ සමාජයේ ජීවත්වෙන එක එක කොටස් මහා බ්‍රහ්මයාගේ එක එක තැන් වලින් එළියට ආපු අය.

බුදුරජාණන් වහන්සේට අනුකම්පා හිතෙන්න ඇති...

මෙහෙම කියලා වාසෙට්ඨ, භාරද්වාජ ස්වාමීන් වහන්සේලා බුදුරජාණන් වහන්සේට කියනවා "භාග්‍යවතුන් වහන්ස, මේ කතාව කියලා බ්‍රාහ්මණයෝ අපට මෙහෙමත් බණිනවා. "උඹලා කවුද? උඹලා මුඩු ශ්‍රමණයෝ නෙව. උඹලා මහා පව්කාරයෝ නෙව. මහා බ්‍රහ්මයාගේ යටිපතුලෙන් මවපු එවුන් නෙව. උඹලා මොකටද ශ්‍රමණ බවට පත්වුණේ" කියලා.

බලන්න, එතකොට බුදුරජාණන් වහන්සේ වැඩසිටිද්දීත් උන්වහන්සේ ධර්ම දේශනා කරද්දීත් මිනිස්සුන්ගේ ඔලුවල තිබ්බ මිථ්‍යා දෘෂ්ටික මතවාද විසින්

සත්‍යය වහලා දාන හැටි. බුදුරජාණන් වහන්සේට මේ මිථ්‍යා දෘෂ්ටික මතවාදවල බැහැගෙන ඉන්න මිනිස්සු ගැන අනුකම්පා හිතෙන්න ඇති.

බුදුරජාණන් වහන්සේ වදාළා "වාසෙට්ඨයෙනි, බ්‍රාහ්මණයින් ඔය කයි කතන්දර කියන්නේ (බ්‍රාහ්මණයෝම තමයි ශ්‍රේෂ්ඨ. අනික් උදවිය හීනයි. බ්‍රාහ්මණයෝම තමයි උසස්. අනිත් උදවිය පහත්. බ්‍රාහ්මණයෝම තමයි පිරිසිදු. අනිත් උදවිය අපිරිසිදුයි. බ්‍රාහ්මණයෝ මහා බ්‍රහ්මයාගේ පුතාලා. මහා බ්‍රහ්මයා වමනේ කරපු අය කියලා) පුරාතන ලෝකය ගැන කිසිවක් දන්නේ නැතුවයි."

බ්‍රහ්මයන්ටත් නින්ද කරනවා...

බුදුරජාණන් වහන්සේ අහනවා "බලන්න වාසෙට්ඨයෙනි, මේ බ්‍රාහ්මණ සමාජය දිහා. බ්‍රාහ්මණ සමාජයේ ගැහැණු ළමයි වැඩිවිය පැමිණිලා විවාහ වෙලා ගර්භණී වෙනවා. ඒ බ්‍රාහ්මණ කාන්තාවන්ට දරුවෝ ලැබෙනවා. ඒ කාන්තාවෝම දරුවන්ට කිරි පොවනවා. මේවා ඇස් පනාපිටම දකින්න තියෙද්දීත් මේ බ්‍රාහ්මණ පිරිස කියනවා "බ්‍රාහ්මණයෝ කියන්නේ මහා බ්‍රහ්මයාගේ කටින් ආපු අයයි" කියලා.

බුදුරජාණන් වහන්සේ වදාළා "ඇත්තටම මේ ලෝකයේ 'බ්‍රහ්ම' කියලා කොටසක් ඉන්නවා. 'බ්‍රහ්මයා විසින් මිනිස්සුන්ව මැව්වා' (දෙවියන් විසින් මිනිස්සුන්ව මැව්වා) කිය කියා මේ මෝඩ මිනිස්සු බ්‍රහ්මයන්ටත් නින්දා කරනවා. දෙවියන්ටත් නින්දා කරනවා. "අපිව මැව්වේ දෙවියෝ" කියලා බොරුවක් කිය කියා ගිහින් පව් රැස්කර ගන්නවා." එහෙනම් අපට පේනවා මේ ලෝකයේ යම්කිසි කෙනෙක් කියනවා නම් "මහා බ්‍රහ්මයා අපිව මැව්වා"

කියලා එහෙමත් නැත්නම් "දෙවියන් වහන්සේ විසින් අපව මැව්වා" කියලා ඒ පිරිස ඒ මතය නිසාම බොහෝ පව් රැස්කරගෙන මේ ලෝකයේ ඉන්න දෙවිවරුන්ටත් ගර්හා කරනවා. අපහාස කරනවා.

ශ්‍රේෂ්ඨත්වයට පත් නොකරන දේවල්...

ඊළඟට බුදුරජාණන් වහන්සේ වදාළා "වාසෙට්ඨයෙනි, මේ සමාජයේ මිනිස්සු කොටස් හතරක් පෙනෙන්න තියෙනවා. ඒ තමයි ක්ෂත්‍රීය පිරිස, බ්‍රාහ්මණ පිරිස, වෛශ්‍ය පිරිස, ශූද්‍ර පිරිස. බ්‍රාහ්මණ කියන්නේ පූජක පරම්පරාව. ක්ෂත්‍රීය කියලා කියන්නේ රාජ්‍ය පරිපාලන ක්ෂේත්‍රයේ කටයුතු කරන පිරිස. වෛශ්‍ය කියන්නේ වෙළඳ කටයුතු කරන පැළැන්තියටයි. ශූද්‍ර කියලා හැඳින්වූයේ වහල් සමාජයටයි.

ඉන්දියානු සමාජය තුළ බ්‍රාහ්මණ පිරිස් බොහෝ විට මහන්සි ගත්තේ, සමාජය තුළ ඉහළ තැනක් ලබා ගන්නයි. පැරණි ග්‍රන්ථවල සඳහන් වෙනවා, බ්‍රාහ්මණයින් වේදය කියද්දී යම් ශූද්‍රයෙක් ඒක අහගෙන හිටියොත් ඒ පුද්ගලයාගේ කනට ලාකඩ වත්කරවිය යුතුයි කියලා. බැරි වෙලාවත් ශූද්‍රයෙකුගේ කටින් බ්‍රාහ්මණයින්ගේ වේද ග්‍රන්ථ පාඨයක් කියැවුණොත් ඒ ශූද්‍රයාව අල්ලලා දිව ඇදලා කපන්න කියලා. මෙන්න මේ වගේ සමාජයක් තුළ තමයි එදා බුදුරජාණන් වහන්සේ පහළවුණේ.

බුදුරජාණන් වහන්සේ වදාළා "මේ ක්ෂත්‍රීය කියන සමාජය තුළත් ඇතැම් ක්ෂත්‍රීය පිරිස් ඉන්නවා ඒ අය සතුන් මරණවා. හොරකම් කරනවා. වැරදි කාමසේවනයේ යෙදෙනවා. බොරු කියනවා. කේලාම් කියනවා. පරුෂ වචන කියනවා. හිස් වචන කියනවා. අනුන්ගේ දේවල්

වලට ආසා කරනවා. තරහ සිතින් ඉන්නවා. මිථ්‍යා දෘෂ්ටික වෙලා ඉන්නවා. ඒ විතරක් නෙවෙයි, බ්‍රාහ්මණ සමාජය තුළත් සතුන් මරන, හොරකම් කරන, වැරදි කාම සේවනයේ යෙදෙන, බොරු කියන, කේලාම් කියන, පරුෂ වචන කියන, හිස් වචන කියන, අනුන්ගේ දේවල් වලට ආශා කරන, තරහ සිතින් ඉන්න, මිථ්‍යා දෘෂ්ටික වෙලා ඉන්න බ්‍රාහ්මණ පිරිස් ඉන්නවා."

කවුරු කළත් මේවා වැරදියි...

ඊළඟට බුදුරජාණන් වහන්සේ වදාළා "වෛශ්‍ය සමාජය තුළත් සමහර වෛශ්‍යයෝ සතුන් මරණවා. හොරකම් කරනවා. වැරදි කාමසේවනයේ යෙදෙනවා. බොරු කියනවා. කේලාම් කියනවා. පරුෂ වචන කියනවා. හිස් වචන කියනවා. අනුන්ගේ දේවල්වලට ආසා කරනවා. තරහ සිතින් ඉන්නවා. මිථ්‍යා දෘෂ්ටික වෙලා ඉන්නවා. ඒ විතරක් නෙවෙයි ශුද්‍ර සමාජය තුළත් සමහර ශුද්‍ර පිරිස් ඉන්නවා ඒ අය සතුන් මරනවා. හොරකම් කරනවා. වැරදි කාමසේවනයේ යෙදෙනවා. බොරු කියනවා. කේලාම් කියනවා. පරුෂ වචන කියනවා. හිස් වචන කියනවා. අනුන්ගේ දේවල්වලට ආසා කරනවා. තරහ සිතින් ඉන්නවා. මිථ්‍යා දෘෂ්ටික වෙලා ඉන්නවා."

පදනම් විරහිත බමුණු මත...

ඊළඟට බුදුරජාණන් වහන්සේ වදාළා "පින්වත් වාසෙට්ඨයිනි, දැන් බලන්න ඔය කියපු සමාජ කුල හතරේම දස අකුසල කර්ම කරන අය ඉන්නවා. කවුරු කළත් මේවා වැරදි දේවල්. අකුසල විපාක ඇති දේවල්. කෙනෙක් ශ්‍රේෂ්ඨත්වයට පත් නොකරන දේවල්. ඒ

වගේම ඔය බ්‍රාහ්මණ, ක්ෂත්‍රීය, වෛශ්‍ය, ශූද්‍ර කියන සමාජ කුල හතරේම ඉන්නවා ප්‍රාණඝාතයෙන් වැළකී සිටින අය. සොරකමෙන් වැළකී සිටින අය. වැරදි කාම සේවනයෙන් වැළකී සිටින අය. බොරු කීමෙන්, කේලාම් කීමෙන්, පරුෂ වචන කීමෙන්, හිස් වචන කීමෙන් වැළකී සිටින අය. අන් සතු දේපළවලට ආශා කිරීමෙන් වැළකී සිටින අය. නපුරුකම් කිරීමෙන් වැළකී සිටින අය. සම්මා දිට්ඨියෙන් යුතු අය.

පින්වත් වාසෙට්ඨයෙනි, ඔය සමාජ කුල හතරේම කුසල ධර්මයන්ගෙන් සමන්විත අයත් ඉන්නවා. මේවා කුසල විපාක ඇති කරවන දේවල්. මෙන්න මේ කුසල ධර්ම වලින් තමයි කෙනෙක් ශ්‍රේෂ්ඨත්වයට පත්කරන්නේ. වාසෙට්ඨයෙනි, ක්ෂත්‍රීය, බ්‍රාහ්මණ, වෛශ්‍ය, ශූද්‍ර කියන සමාජ කුල හතර තුළම කුසල ධර්ම වලින් සමන්විත අයත් ඉන්නවා. ඒ වගේම අකුසල ධර්ම වලින් සමන්විත අයත් ඉන්නවා. මේක පෙනී පෙනී "බ්‍රාහ්මණයෝම තමයි ශ්‍රේෂ්ඨ. අනිත් අය හීනයි. බ්‍රාහ්මණයෝ තමයි උසස්. අනිත් අය පහත්. බ්‍රාහ්මණයෝ තමයි පිරිසිදු. අනිත් අය අපිරිසිදුයි. බ්‍රාහ්මණයෝ කියන්නේ මහා බ්‍රහ්මයාගේ කටින් ඉපදුණු අය. මහා බ්‍රහ්මයා මවපු අය. මහා බ්‍රහ්මයාගේ දායාදය" කිය කියා මේ බ්‍රාහ්මණයෝ කියන්නේ කොහොමද?

ධර්මාවබෝධයට ජාතිය ප්‍රශ්නයක් නෑ...

බුදුරජාණන් වහන්සේ වදාළා "වාසෙට්ඨයෙනි, ඔය ක්ෂත්‍රීය, බ්‍රාහ්මණ, වෛශ්‍ය, ශූද්‍ර කියන කුල හතරේම අය ඇවිල්ලා මේ බුද්ධ ශාසනය තුළ පැවිදි වෙලා ශ්‍රමණ බවට පත්වෙනවා. ඒ භික්ෂුව ප්‍රාතිමෝක්ෂ සංවර සීලය

පුරුදු කරලා, ඉන්ද්‍රිය සංවර සීලය පුරුදු කරලා, සතර සතිපට්ඨානය වඩලා, සිත කය වචනය සංවර කරගෙන, සත්තිස් බෝධිපාක්ෂික ධර්ම දියුණු කරලා, සංයෝජන ධර්ම ප්‍රහාණය කරලා උතුම් අරහත්වයට පත්වෙනවා." එතකොට බලන්න මේ ධර්ම මාර්ගය තුළ ඕනෑම කුලයක, ඕනෑම ජාතියක කෙනෙකුට මේ අවස්ථාවට පත්වෙන්න පුළුවන්.

බුදුරජාණන් වහන්සේ වදාළා "අන්න එයා තමයි ශ්‍රේෂ්ඨත්වයට පත්වෙන්නේ. අන්න ඒ කෙනාට තමයි මේ සමාජ කුල හතරෙන්ම අග්‍රස්ථානය හිමිවෙන්නේ. උතුම්භාවය හිමිවෙන්නේ. ඒ තැන හිමිවෙන්නේ ධර්මයට මිසක් අධර්මයට නෙවෙයි."

කොසොල් රජතුමාගේ පුද සත්කාර...

ඊළඟට බුදුරජාණන් වහන්සේ වදාළා "පින්වත් වාසෙට්ඨයෙනි, කොසොල් රජතුමා ගැන හිතලා බලන්න. කොසොල් රජ්ජුරුවෝ ශ්‍රමණ ගෞතමයන් වහන්සේව හඳුනාගෙන තියෙන්නේ ශාක්‍ය කුලයෙන් නික්මිලා පැවිදි වෙච්ච අනුත්තර වූ කෙනෙක් හැටියටයි. ශාක්‍ය වංශිකයෝ අයත් වෙන්නේ '**කපිලවස්තු**' කියන ජනපදයට. කපිලවස්තු ජනපදයේ ඉන්න ශාක්‍යයන් කොසොල් රජතුමාව දැක්ක ගමන් ආසනයෙන් නැගිටිනවා. ළඟට ගිහින් වඳිනවා. ගෞරව සම්මාන කරනවා. බලන්න වාසෙට්ඨයිනි, එබඳු සැලකුම් ලබන කොසොල් රජතුමා පවා තථාගතයන් වහන්සේට කොච්චර සළකනවාද කියලා. සමහර දවස්වලට කොසොල් රජතුමා ඇත තියාම බුදුරජාණන් වහන්සේ ළඟට වැඳගෙන ඇවිත් මෙහෙම කියනවා '**(සුජාතෝ සමණෝ ගෝතමෝ දුජ්ජාතෝ හමස්මි)** අනේ

ශ්‍රමණ ගෞතමයන් වහන්සේට තියෙන්නේ කොයිතරම් සුන්දර උපතක්ද? මට නම් තියෙන්නේ මහා නරක උපතක්. (**බලවා සමණෝ ගෝතමෝ දුබ්බලෝ හමස්මි**) ශ්‍රමණ ගෞතමයන් වහන්සේ කොයිතරම් බලසම්පන්න කෙනෙක්ද? මම නම් දුර්වල කෙනෙක්. (**පාසාදිකෝ සමණෝ ගෝතමෝ දුබ්බණ්ණෝ හමස්මි**) ශ්‍රමණ ගෞතමයන් වහන්සේ කොයිතරම් ලස්සන කෙනෙක්ද? මම නම් දුර්වර්ණ කෙනෙක්. (**මහේසක්ඛෝ සමණෝ ගෝතමෝ අප්පේසක්ඛෝ හමස්මි**) ශ්‍රමණ ගෞතමයන් වහන්සේ කොයිතරම් මහේශාක්‍ය කෙනෙක්ද? මම නම් අල්පේශාක්‍ය කෙනෙක්.' මෙන්න මෙහෙම කිය කියා තමයි සමහර දවස් වලට කොසොල් රජ්ජුරුවෝ බුදුරජාණන් වහන්සේට වන්දනා කරන්නේ. පින්වත් වාසෙට්ඨයිනි, කොසොල් රජ්ජුරුවෝ මේ විදිහට සළකන්නේ ධර්මයටම නේද? මේ සත්කාර සම්මාන ගරු බුහුමන් හැම එකක්ම ලැබෙන්නේ ධර්මය නිසාම නේද?"

මේ සියලු ගෞරව ධර්මයටයි...

දැන් ඔබම හිතලා බලන්න, අද වුණත් ඔබට යම්කිසි කෙනෙක් සත්කාර සම්මාන කරනවා නම් ගෞරව දක්වනවා නම් ඔබ ධර්මයේ හැසිරිලා ඇති කරගත් ගුණධර්ම නිසා නොවෙයිද කියලා. දැන් ඔබ මේ ශාලාවට ධර්මය අහන්න ආවේ නිකම්ම ඇවිදගෙනයි. ඒත් මම ආවේ පාවඩයක් පිට මුතුකුඩේ යටිනුයි. මේ සියලු ගෞරව ධර්මයට නේද? අපි වඩිනකොට පාර දෙපැත්තේ ඉන්න ශ්‍රද්ධාවන්ත උදවිය බිම පෙරළීගෙන වන්දනා කරනවා. මේ වඳින්නේ මගේ මේ කුණු ශරීරයටද? නැහැ. ධර්මයටයි මේ ගෞරව කරන්නේ. ධර්මයටයි ප්‍රශංසා කරන්නේ.

බුදුරජාණන් වහන්සේ වදාළා "පින්වත් වාසෙට්ඨයිනි, ඔබ මතක තියාගන්න (**යථා ධම්මෝ' ව සෙට්ඨෝ ජනේ'තස්මිං දිට්ඨේ චේව ධම්මේ අභිසම්පරායේ**) මෙලොවදීත් පරලොවදීත් මේ ලෝකයේ සත්වයන් අතර ශ්‍රේෂ්ඨ වෙන්නේ ධර්මයමයි" කියලා. එහෙනම් අපි මතක තියාගන්න ඕනේ අපි ශ්‍රේෂ්ඨ වෙන්නේ රූපයෙන් නෙවෙයි. අපි ශ්‍රේෂ්ඨ වෙන්නේ කටහඬින් නෙවෙයි. අපි ශ්‍රේෂ්ඨ වෙන්නේ කීර්තියෙන් නෙවෙයි. අපි ශ්‍රේෂ්ඨ වෙන්නේ ධනයෙන් නෙවෙයි. අපි ශ්‍රේෂ්ඨ වෙන්නේ සැප සම්පත් වලින් නෙවෙයි. කවදා හරි අපි ශ්‍රේෂ්ඨ වෙන්නේ ධර්මය නිසයි. ඒ නිසයි බුදුරජාණන් වහන්සේ වදාළේ "මෙලොව පරලොව දෙකේදීම ජනතාව අතර ශ්‍රේෂ්ඨ වෙන්නේ ධර්මයමයි" කියලා.

ධර්මයෙන් නිර්මිත විස්මිත දායාදය...

බුදුරජාණන් වහන්සේ වදාළා "පින්වත් වාසෙට්ඨයිනි, යම්කිසි කෙනෙකුට (**සද්ධා නිවිට්ඨා**) අචල ශ්‍රද්ධාවක් තියෙනවා නම්, (**මූලජාතා**) මුල්හට ගත්තු, දැඩිව පවතින (**දළ්හා**) මේ ලෝකයේ කිසිම ශ්‍රමණයෙකුට, බ්‍රාහ්මණයෙකුට හෝ දෙවියෙකුට හෝ මාරයෙකුට හෝ බ්‍රහ්මයෙකුට හෝ කිසිම කෙනෙකුට සොලවාලිය නොහැකි (**අසංහාරියා සමණේන වා බ්‍රාහ්මණේන වා දේවේන වා මාරේන වා බ්‍රහ්මුනා වා කේනචි වා ලෝකස්මිං**) ඒ ශ්‍රද්ධාව තුළ අග්‍ර තත්වයට පත්වෙන්නේ රහතන් වහන්සේයි.

බුදුරජාණන් වහන්සේ වදාළා "පින්වත් වාසෙට්ඨ, ඔය බ්‍රාහ්මණයෝ කියපු කතාව රහතන් වහන්සේට නම් කියන්න පුළුවන් (**භගවතෝම්'හි පුත්තෝ**) මම භාග්‍යවතුන්

වහන්සේගේම පුතා (ඕරසෝ ච) මම බුදුරජාණන් වහන්සේගේ ලයෙහි උපන් පුතා (මුඛතෝ ජාතෝ) මම භාග්‍යවතුන් වහන්සේගේ සිරි මුව මඬලින් උපන් පුතා (ධම්ම ජාතෝ) මම ධර්මයෙන් හටගත් කෙනා (ධම්ම නිම්මිතෝ) මම ධර්මයේ මැවිල්ලයි (ධම්ම දායාදෝ) මම ධර්මයේ දායාදයයි" කියලා.

මෙලොවත් පරලොවත් ශ්‍රේෂ්ඨතම දෙය...

දැන් බලන්න බුදුරජාණන් වහන්සේ මේ දේශනාවෙන් ඉස්මතු කරලා පෙන්වන්නේ "මනුස්ස වර්ගයාට මෙලොවත් පරලොවත් ශ්‍රේෂ්ඨ වන්නේ ධර්මය මයි" කියන එකයි. අන්න ඒ විස්තරය කරද්දි තමයි බුදුරජාණන් වහන්සේ මේ ලෝකය විනාශයට පත්වෙලා ආයෙමත් යම් දවසක මේ සත්වයන් මිනිසුන් හැටියට පරිණාමයට පත්වෙන ආකාරය විස්තර කළේ. මේ කරුණු ඉගෙන ගනිද්දී විශේෂයෙන්ම අපට බුදුරජාණන් වහන්සේගේ අවබෝධය ගැන ශ්‍රද්ධාවක් තියෙන්න ඕනේ.

බෞද්ධ වේශයෙන් ඉන්නා ශ්‍රද්ධා රහිත අය

ඔබ අහල තියෙනවාද මේ ගෙවිලා ගිය විසිවෙනි සියවසේ මුලදි ඩෝල්ටන් කියල විද්‍යාඥයෙක් පදාර්ථය පිළිබඳ අධ්‍යයනය කරලා තීරණයකට ඇවිත් වාදයක් ඉදිරිපත් කළා. 'පදාර්ථය බිඳගෙන බිඳගෙන ගිහින් බිඳින්න බැරි අන්තිම එක තමයි පරමාණුව' කියලා. ඒ විද්‍යාඥයා කිව්වා 'පරමාණුව බිඳින්න බැහැ. පරමාණුව නිත්‍යයි' කියලා. මේක කියපු ගමන් බටහිර විද්‍යාඥයින්ට දත නියෝගෙන ඉන්න, ධර්මය ගැන ශ්‍රද්ධාවක් නැති සමහර අය ඩෝල්ටන්ව සරණ ගියා. ඒ පෘථග්ජනයෝ

ටික මහා ඉහළින් ඔළුවට අරගෙන කියන්න ගත්තා "අන්න බලාපන්. උඹලා මහා ලොකුවට 'අනිත්‍යයි අනිත්‍යයි' කියලා කියනවා. ඔය විද්‍යාඥයෝ හොයාගෙන තියෙන්නේ නිත්‍යයයි කියලා." එතකොට ජේනවා බෞද්ධ වේශයෙන් ඉන්න වැඩි දෙනෙක් දිව දික් කරගෙන ඉන්නේ බුදුරජාණන් වහන්සේගේ ධර්මයට විරුද්ධව මතයක් එනකල්. ඒ පැත්ත ගන්න.

හිරු අභියස කණාමැදිරි එළි වගේ...

අන්තිමට මොකද වුණේ. එතැනින් නතර වුණේ නැහැනේ. පරමාණුව ගැන පරීක්ෂණ කටයුතු දිගටම කරගෙන ගියා. ගිහින් පරමාණුවත් කොටස්වලට බින්ඳා. බිඳලා කිව්වා "මේකේ තියෙන්නේ ඉලෙක්ට්‍රෝන ප්‍රෝටෝන නියුට්‍රෝන කියන අංශු. මේ තුළ තියෙන්නේ සමස්ත චලනයක්" කියලා. එතකොට අර ඩෝල්ටන්ගේ පැත්ත ගත්ත පිරිසට උත්තර නැතුව ගියා. ඔන්න ඕක තමයි ශ්‍රද්ධා රහිත කෙනාගේ ලක්ෂණය. ධර්මයට විරුද්ධ මතයක් කියැවෙච්ච ගමන් එයා ඒ පැත්ත අරගෙන ධර්මයට පහර දෙනවා.

මේ ලෝක විෂය ගැන බුදුරජාණන් වහන්සේට තියෙන අවබෝධය හරිම පුදුමාකාරයි. ලෝකයේ වෙන කිසිම කෙනෙකුට ඒ දේවල් හොයා ගන්නවා තියා හිතන්නවත් බැහැ. බුදුරජාණන් වහන්සේගේ ලෝකවිදූ ඤාණයත් එක්ක බලපුවාම අපි මේ දත නියෝගෙන ඉන්න බටහිර විද්‍යාඥයෝ තවම බඩගානවා.

ලොවේ ඇරඹුම පිළිබඳ බුද්ධ වචනය...

බුදුරජාණන් වහන්සේ වදාළා "පින්වත් වාසෙට්ඨයිනි, දීර්ඝ කාලයක් ගියාම මේ ලෝකය විනාශ

වෙනවා.” එතකොට මේ කියන්නේ අද හෙට වෙන දෙයක් නෙවෙයි. දීර්ඝ කාලයක් ගියහමයි මේ ලෝකය විනාශ වෙන්නේ. එතකොට මේ ඉර හඳ ග්‍රහ තාරකා ඇතුළු මුලු සක්වලම විනාශ වෙලා යනවා. එතකොට මේ ලෝකයේ ජීවත්වෙන සත්වයින් ආභස්සර කියන ආලෝක බවට පත්වෙනවා. එහෙනම් අපට පේනවා මේ ලෝකය විනාශවුණා කියලා මේ සත්වයන් සම්පූර්ණයෙන්ම අභාවයකට පත්වෙන්නේ නැහැ කියලා. ඒ කාලය තුළ පවතින්න සුදුසු විදිහකට සත්වයන් පරිවර්තනය වෙනවා. ඒ තමයි **(මනෝමයා)** මනෝමය ශරීර ඇතුව, **(පීති භක්ඛා)** ප්‍රීතිය ආහාර කොට ගනිමින්, **(සයම්පභා)** තමන්ගේ ශරීරයෙන් ආලෝකයක් විහිදුවමින්, **(අන්තලික්ඛචරා)** අවකාශයේ සැරිසරනවා. ඔවුන් හරිම සුන්දර පෙනුමකින් යුක්තයි. මේ විදිහට සත්වයින් බොහෝ කාලයක් ජීවත් වෙනවා.

මේ දේශනාව කියවද්දී මගේ හිතේ මෙහෙම එකක් මැවිලා පෙනුණා. ඔබ දැකලා තියෙනවාද මහ රෑට කට්ට කරුවලේ කණාමැදිරියන් රංචු රංචු යනවා. මේ සත්වයිනුත් අන්න ඒ වගේ ඇති. පින්වතුනි, දැන් අපට මතක නැතිවුණාට අපිත් සංසාරේ ඔය විදිහට ඉඳලා තියෙනවා.

කළුවරේ ආලෝකය විහිදෙන ශරීර...

ඊළඟට බුදුරජාණන් වහන්සේ වදාළා “කාලයක් ගියාම මේ ලෝකය ආයෙමත් හැදෙනවා. ඒ කියන්නේ පෘථිවිය ආදී මේ ග්‍රහවස්තු ආයෙමත් සකස් වෙනවා. එතකොට අර ආභස්සර ශරීර ඇතුව ඉපදිලා හිටපු සත්වයින් එයින් චුතවෙලා මේ ලෝකයට එනවා. ඔය

කාලෙදි ඉර හඳ තාරකා මොකවත් නැහැ. ඉර හඳ තාරකා නැත්නම් දිවා රාත්‍රී නැහැ. දින මාස නැහැ. එහෙනම් ඒ කාලේ සූර්යයා මීන රාශියෙන් මේෂ රාශියට සංක්‍රමණය වෙන්න විදිහක් නැහැ. එතකොට ඒ කාලේ දැන් ඔය සමරන නැකැත් කෙළි මොකවත් තිබිලා නැහැ. කළුවරේම ආලෝකය විහිදෙන ශරීර ඇතුව ඇවිද ඇවිද ඉන්නවා. මෙහෙම ඉන්න කොට මේ අයගේ ශරීරවල ආලෝකය පොළොවට වැටෙනවා. ශරීරයේ ආලෝකය පොළොවට වැටුනහම පොළොව පෙනෙන්නේ හරියට කිරි හට්ටියක් මිදුණාම උඩ තියෙන යොදය වගෙයි.

මේගොල්ලෝ තව ටිකක් ළංවෙලා බලනවා. ළං වුණාම අර යොදය වගේ තියෙන පෘථිවි පෘෂ්ඨයෙන් සුවඳ හමන්න පටන් ගන්නවා. ඊට පස්සේ එක්කෙනෙක් කල්පනා කරනවා "මේක මොන වගේ ඇද්ද" කියලා. එහෙම කල්පනා කරලා පොළොවට පාත්වෙලා හිමිහිට ඇඟිල්ලෙන් ටිකක් අරගෙන දිවේ ගා ගන්නවා. දිවේ ගාද්දී මෙයාට මේකේ රහ වැටෙනවා. මෙයා ඒ රසයට ඇලිලා ඒ රසය කෙරෙහි තණ්හාවෙන් බැසගන්නවා. ටික ටික ආයෙමත් ඇඟිලි ගගා දිවේ ගා ගන්නවා. මේක බලාගෙන හිටපු අනිත් අයත් ඇඟිලි ගගහා දිවේ ගා ගත්තා. පස්සේ මේක හූරලා පොඩි ගුලි හදලා කටේ දා ගත්තා. එතකොට මේ අයට තව තවත් මේකේ රහ වැටුණා. සමහර විට අපි ඔය ටොෆී කටේ දාගෙන කන්නේ ඒ පුරුද්දට වෙන්න ඇති.

සූර්ය චන්ද්‍ර ආරම්භය...

මේ අය මේ විදිහට පෘථිවි රසය ගුලි කර කර තණ්හාවෙන් කකා ඉන්න කොට ටිකෙන් ටික මේ අයගේ

ශරීරයේ ආලෝකය නැතිවෙලා ගියා. මෙහෙම කාලයක් යනකොට ඔන්න ආයෙත් ලෝකයට සූර්යයා චන්ද්‍රයා දෙක ප්‍රකට වෙන්න පටන් ගත්තා. ඒත් එක්කම දිවා රාත්‍රී ඇතිවුණා. දවස් මාස ආදිය හැදෙන්න පටන් ගත්තා. බොහෝ කාලයක් යද්දී මේ අයගේ ශරීරත් ටිකෙන් ටික ගොරෝසු වෙන්න පටන් ගත්තා.

මේ අයගේ ශරීරයෙන් නිකුත් වෙන ආලෝකයත් නැතුව ගිහින් ගොරෝසු ශරීර බවට පත්වෙලා. ඒ නිසා සූර්යාලෝකය වැටෙද්දී එක එක්කෙනාව සමහරුන්ට ලස්සනට පේනවා. සමහරුන්ට කැතට පේනවා. ලස්සනට පේන අය කියනවා "බලපන් උඹේ හැටි. මේ බලාපන්කෝ මගේ ලස්සන" කියලා. මෙහෙම වෙනකොට මේ අයට මාන්නය ඇතිවුණා. මාන්නක්කාරකම මුල් කරගෙන කටයුතු කිරීම නිසා පෘථිවි රසය තවත් ටිකෙන් ටික අඩුවෙලා නැතිවෙලා ගියා. ඊට පස්සේ මේ අය ශෝක කරන්න පටන් ගත්තා "අනේ මේකේ කොච්චර රසයක් තිබ්බද? ඒ රසය දැන් නැහැනේ" කියලා.

පෘථිවි රසය අතුරුදහන් වුණ හැටි...

බුදුරජාණන් වහන්සේ වදාළා "අන්න ඒ පුරුද්ද හේතු කරගෙන තමයි දැනුත් මිනිස්සු මොනව හරි රසවත් දෙයක් හම්බවුණාම 'ෂා! මේකේ රස' කියලා කියන්නේ" කියලා. දැන් බලන්න පින්වතුනි, අපි දන්නේ නැතිවුණාට එබඳු ශරීර තියෙද්දී අපට තිබුණු පුරුදු අදත් අපි අතර තියෙනවා. නමුත් මේ පුරුදු ඇතිවුණේ කොහොමද කියලා මිනිස්සු කවුරුවත් දන්නේ නැහැ. එතකොට අපට එකක් පැහැදිලිව පේනවා. මේ මනුස්ස සන්තානය පිරිහීමෙන් පෘථිවියේ රසය අතුරුදහන් වෙලා යනවා.

දැන් ඔබ මතක් කරලා බලන්න ඉස්සර ගෙවල් වල කොස් තම්බන කොට කොච්චර සුවඳක් එනවාද? දැන් කොස් තම්බන කොට ඒ සුවඳ නෑනේ. බලන්න දැන් ඒක ඉවරයි. මේ මනුස්ස වර්ගයාගේ පරිහානිය, පෘථිවියේ රසය පවා අතුරුදහන් වෙලා යන්න බලපානවා. මෙහෙම ගියොත් අනාගතයේ ලෝකයේ සත්වයින්ට ආහාර හැටියට අනුභව කරන්න වෙන්නේ නීරස දේවල් තමයි.

බිම් පපඩම් අනුභව කළ යුගය...

මේ විදිහට පොළොවේ පෘථිවි රසය අතුරුදහන් වෙලා ගියාට පස්සේ දැන් මේ අය ආයෙමත් "මොනවද කන්න තියෙන්නේ" කියලා හොයනවා. ඔන්න ආයෙමත් **(භූමි පප්පට)** බිම් පපඩම් කියලා ජාතියක් හැදෙනවා. මේවා හතු වගේ ජාතියක්. මේක කිතුල් පැණි ඇතුළට දාපු රොටියක් වගේ එකක්. බුදුරජාණන් වහන්සේ වදාළා 'ඒක හරියට මී වදයක් වගේ' කියලා. මේක තමයි මේ අය ආහාරයට ගත්තේ. මේ බිම් පපඩම් ආහාරයට ගන්න ගන්න මේ අයගේ ශරීර තව තවත් ගොරෝසු වෙලා ප්‍රකට වෙන්න පටන් ගත්තා. සමහරු ලස්සනට පේන්න පටන් ගත්තා. සමහරු කැතයි. මේ විදිහට වෙනස්කම් ප්‍රකට වෙනකොට 'මේ බලාපන් මගේ ලස්සන. බලාපන් උඹේ හැටි. උඹ වගේද මම' කියලා ආයෙමත් කියන්න පටන් ගත්තා.

පරණ පුරුදු තාම තියෙනවා...

බුදුරජාණන් වහන්සේ වදාළා අන්න ඒ පුරුද්ද තමයි තවමත් ඔය තියෙන්නේ කියලා. මෙහෙම වෙන්න වෙන්න ඒ අයගේ මානසික මට්ටම පරිහානියට පත්වෙලා ගියා. ඒ අයගේ පරිහානියත් එක්කම බිම්

පපඩම් අතුරුදහන් වෙලා ගියා. මේගොල්ලෝ ආයෙමත් මොනවද කන්න තියෙන්නේ කියලා හොය හොයා යනකොට වැල් ජාතියක් මතුවෙලා හැදීගෙන එනවා දැක්කා. ඒවා නිකම්ම කන්න පුළුවන් වැල් ජාතියක්. ඒවට කියන්නේ 'බදාලතා වැල්' කියලා. මේගොල්ලෝ මේවා කන්න පටන් ගත්තා. මේවා කන්න කන්න මේ අයගේ ශරීර තව තවත් ගොරෝසු වුණා. ගොරෝසු වෙලා හොඳටම ප්‍රකට වෙන්න පටන් ගත්තා. එතකොට මේ අය ආයෙමත් තමන්ව හුවා දක්වමින්, අනුන්ව හෙළා දකින්න පටන් ගත්තා. මෙහෙම කාලයක් යනකොට බදාලතා කියන වැල් ජාතියත් අතුරුදහන් වෙලා ගියා.

ඊට පස්සේ මේ අය දුක් වෙන්න පටන් ගත්තා. "අනේ අපට මේ ජාතියේ කෑම තිබුණා. අපි මේවා කෑවා. දැන් අපට මේ ඔක්කොම නැතිවෙලා ගියා" කියලා. බුදුරජාණන් වහන්සේ වදාළා "මිනිස්සු දැනුත් ඒ පුරුද්දට මයි දුක හිතෙන දෙයක් සිද්ධ වුණොත් 'අනේ! මට මේවා තිබුණා. දැන් ඒවා නැහැ' කිය කිය කෑ ගහන්නෙ" කියලා.

ස්ත්‍රී පුරුෂ භේදය ප්‍රකට වුණා...

බුදුරජාණන් වහන්සේ වදාළා "මෙහෙම වුණාට පස්සේ මේ අය ආයෙමත් කන්න මොනවද තියෙන්නේ කියලා හොයනවා. එතකොට දකින්න ලැබෙනවා 'ඇල් හාල්' වගයක් වැවිලා තියෙනවා. ඒ කියන්නේ ඒ කාලේ අස්වැන්න හැටියට හැදිලා තියෙන්නේ පොත්ත නැතුව හාල් ඇටය විතරයි. මේ ඇල් හාල් හරිම සුවඳයි. හරිම රසවත්. දැන් මේ සත්වයෝ මේ ඇල් හාල් අරගෙන කන්න පටන් ගන්නවා. උදේටත් ගිහින් ඇල් හාල් අරගෙන කනවා. හවසටත් ගිහින් ඇල් හාල් අරගෙන කනවා. ආයේ

පසුවදා උදේටත් ගිහින් ඇල් හාල් කඩාගෙන කනවා. පසුවදා උදේට යද්දී කලින් දවසේ ඇල් හාල් කඩාගත්තු තැන්වල ආයෙමත් ඇල් හාල් හැදිලා තියෙනවා. මේ ඇල් හාල් කන්න කන්න මේ අයගේ ශරීර ගොරෝසු වෙලා තව තවත් ප්‍රකට වෙන්න පටන් ගත්තා. එතකොට ස්ත්‍රිය ස්ත්‍රිය හැටියට පේන්න පටන් ගත්තා. පුරුෂයා පුරුෂයා හැටියට පේන්න පටන් ගත්තා. මේ අය ඔවුනොවුන් දිහා බලාගෙන ඉන්නකොට රාගය ඇතිවුණා. රාගය ඇතිවුණාට පස්සේ මේ අය කාම සේවනයේ යෙදුණා. එතකොට අනෙක් අය මේක බලාගෙන ඉඳලා "උඹලට පිස්සුද, මොකද ඔය කරන්නේ?" කියලා පස් වලින්, ගල් වලින් ගහන්න පටන් ගත්තා කියලා මේ දේශනාවේ සඳහන් වෙනවා.

ගම නිර්මාණය වූ හැටි...

බුදුරජාණන් වහන්සේ වදාළා "අන්න ඒ පුරුද්දටයි අදටත් අලුත් මඟුල් ජෝඩුවලට පස් වලින් ගහන්නේ" කියලා. මේවා ඒ කාලේ ඉන්දියාවේ තිබිලා තියෙනවා. මෙහෙත් මල් වලින්, වතුර වලින්, ඉඳුල් වතුර වලින් ගහනවනේ නේද? මේ විදිහට සත්වයන් රාගය ඇතිවෙලා කාම සේවනයේ යෙදුණාට පස්සේ ඒ අය ස්ත්‍රී පුරුෂයන් හැටියට ගමට එන්නේ නැතුව ඈතට ගිහිල්ලා ගෙවල් හදාගෙන වෙන වෙනම ජීවත් වෙන්න පටන් ගත්තා. මොකද ගමට එන්න විදිහක් නැහැනේ. මිනිස්සු මේ අයට පස් වලින් ගහනවා. ඒ නිසා ජෝඩු ජෝඩු එකතු වෙලා ගෙවල් හදාගෙන වෙන වෙනම ප්‍රදේශවල ජීවත් වෙන්න පටන් ගත්තා. මෙන්න මේ විදිහට තමයි ගම් නිර්මාණය වුණේ. මෙහෙම කාලයක් යද්දි මේ ගෙවල් හදාගෙන ගම්වල හිටපු පිරිස අතරින් එක් කෙනෙක් කල්පනා

කළා "මම මේ හැමදාම ඇල් හාල් කපාගෙන එනවා. මීට වැඩිය ලේසියි එක සැරේටම දවස් කීපයකට සෑහෙන්න ඇල් හාල් කපා ගෙන එන එක." එහෙම හිතලා දවස් කීපයකට ඇතිවෙන්න ඇල් හාල් කපාගෙන ආවා.

ඇල් හාල් - ඇල් වී වෙලා...

ඊළඟ දවසේ අල්ලපු ගෙදර කෙනා ඇවිත් "ඇල් හාල් ගේන්න යං" කිව්වා. "බැහැ" කිව්වා. "ඇයි ඒ?" කියලා ඇහුවා. "මම දවස් කීපයකට ඇතිවෙන්න ඇල් හාල් අරගෙන ආවා. මට දවස ගානේ යන්න ඕනේ නැහැ" කියලා කිව්වා. එතකොට අනිත් කෙනා කල්පනා කළා "ඒක හරි ලේසි ක්‍රමයක්නේ. මමත් ඒක කරනවා" කියලා. එයත් දවස් ගාණකට ඇතිවෙන්න ඇල් හාල් කපාගෙන ආවා. මේ විදිහට මේ පිරිසම ඒ වැඩේට පුරුදු වෙලා ගියා. ඊට පස්සේ ඊළඟ දවසේ ඇල් හාල් ගේන්න යනකොට අර කපපු තැන්වල අලුතෙන් පැලවෙලා නැහැ.

ඊට පස්සේ යනකොට හැදිලා තියෙන්නේ ඇල් හාල් නොවෙයි, ඇල් වී. මේවායේ පොතුත් හැදිලා. මේ අය එකතු වෙලා කතා වුණා "බලාපල්ලා අපේ ජීවිතවල ඇතිවෙච්ච වෙනස. අපි මනෝමය ශරීර වලින් මේ ආකාසේ සැරිසරමින් ශරීර වලින් ආලෝකය විහිදුවමින් හිටියා. ඊට පස්සේ අපි පොළොව ලෙවකන්න පටන් ගත්තා. එතකොට අපේ ශරීරයේ ආලෝකයත් නැතුව ගියා. ටිකෙන් ටික පෘථිවි රසයත් නැතුව ගියා. ඊළඟට බිම් පපඩම් කියලා රසවත් ජාතියක් හැදුණා. අන්තිමට ඒකත් නැතිවෙලා ගියා. ඊළඟට බදාලතා ආවා. අන්තිමට බදාලතා වැල් ජාතියත් නැතිවෙලා ගියා. ඊට පස්සේ ඇල්

හාල් හැදුණා. දැන් ඇල් හාලුත් නැහැ. දැන් තියෙන්නේ ඇල් වී විතරයි. කලින් වගේ සරුවට ඒක හැදෙන්නෙත් නැහැ. ඒ නිසා අපි දැන් වැඩක් කරමු. අපි පිරිස එකතු වෙලා ගෙවල්වලට යාබදව ඇල් හාල් හැදෙන කොටස් වැටවල් ගහලා බෙදලා වෙන්කර ගනිමු. මේ විදිහට කතා වෙලා "මේ මගේ කොටස. අරක ඔබේ කොටස. මේ මගේ කෑල්ල" කියලා වැටවල් ගහල වෙන්කර ගත්තා. වැටවල් ගැහුවට පස්සේ දැන් ඒ සීමාව තුළ තියෙන ඒවා විතරයි මේ උදවිය පරිභෝජනයට ගන්නේ.

සොරකමේ ඇරඹුම...

මේ අතර ටිකක් තෘෂ්ණාව වැඩි කෙනෙක් හිටියා. එයා කල්පනා කළා "මගේ කොටහ ඔහේ තිබුණාවේ. මම අරයගේ එකෙන් ගන්නවා" කියලා හොරෙන් අනුන්ගේ කුඹුරකට පැනලා ඇල් වී කපන්න පටන් ගත්තා. කපාගෙන හොරෙන් පනින කොටම අහුවුණා. "ඒයි! උඹ හොරකම් කළා නේද?" කියලා අල්ලා ගත්තා. "ඔව්" කිව්වා. "ඇයි උඹට කොටහක් දුන්නනේ. ඇයි ඒකෙන් ගත්තේ නැත්තේ? ආයෙත් මේ වගේ වැඩ කරන්න එපා" කියලා අවවාද කළා.

පසුවදා මෙයා කල්පනා කළා "ඕකට ගියොත් නේ අහුවෙන්නේ. අද මම වෙන කුඹුරකින් හොරකම් කරනවා." ඒ විදිහට කල්පනා කරලා වෙන කුඹුරකින් ඇල් වී හොරෙන් කපාගෙන පනිද්දී ආයෙත් අහුවුණා. "හිටපිය" කියලා අල්ලා ගත්තා. "උඹට ඊයෙත් කිව්වා නේද මේක කරන්න එපා කියලා. ඒත් උඹ අදත් හොරකම් කරනවා නේද? මීට පස්සේ එහෙම හොරකම් කරලා තිබ්බොත් දඬුවම් කරනවා" කියලා අත්හැරියා.

යන ක්‍රමය නම් හොඳ දෙයක් නෙවෙයි...

ඊළඟ දවසේ මෙයා කල්පනා කළා "හරි! අර කුඹුරු දෙකටම යන්නේ නැතුව අද මම වෙන කුඹුරකින් හොරකම් කරන්නම්කෝ" කියලා වෙන කුඹුරකට පැනලා හොරකම් කරන කොට ආයෙත් අහුවුණා. "උඹට කිව්වා නේද හොරකම් කරන්න එපා කියලා. ඇයි උඹ මේ අනුන්ගේ ඒවා හොරකම් කරන්නේ? හිටපිය ඔහොම" කියලා ගලකින් ගැහුවා. තව කෙනෙක් පොල්ලකින් ගැහුවා. හොරකමත් එක්කම දඬු මුගුරු වලින් ගහගැනිල්ල ඇතිවුණේ ඔන්න ඔහොමයි.

ඊට පස්සේ මේ අය ඔක්කොම රැස්වුණා. රැස්වෙලා සාකච්ඡා කරන්න පටන් ගත්තා. "බලන්න අපි කොහොමද හිටියේ. දැන් අප තුළ අකුසල් හට අරගෙන. අප තුළ හොරකම් කිරීම ඇතිවෙලා. එකිනෙකා ඇනකොටා ගනිමින් නින්දා අපහාස කරමින් දඬු මුගුරු වලින් ගහ ගන්නවා. බොරු කියනවා. මේ යන ක්‍රමය නම් හොඳ දෙයක් නෙමෙයි. ඒ නිසා අපි එකතු වෙලා මේක පාලනය කරන්න ඕන. අපි මේ පිරිසෙන්ම එක් කෙනෙක් පත්කර ගමු. එයාට අවසර දෙමු වැරදි කරන අයට දඬුවම් දෙන්න. ඒ වගේම පිරිසෙන් පළවාහරින්න ඕන අයව පළවාහරින්න අපි ඒ කෙනාට අවසර දෙමු" කියලා කෙනෙක්ව පත්කළා.

රජ පරපුරේ ආරම්භක 'මහාසම්මත රජු'...

"ඒ විතරක් නෙවෙයි. එයා ඒ කටයුතු කරනවාට අපි හැම දෙනාගේම අස්වැන්නෙන් කොටසක් එකතු කරලා එයාට දෙමු." මේ විදිහට පිරිසම තීරණය කර ගෙන හොඳට රූපය තියෙන ඇඟපත මහත තියෙන

කෙනෙක්ව තෝරලා වැරදි කරන අයට සාධාරණව දඬුවම් නියම කරන විනිශ්චයකාරයෙක් හැටියට පත්කර ගත්තා.

මහජනයා විසින් මෙයාව සම්මත කරපු නිසා "**මහාසම්මත**" කියන නමෙන් තමයි ඔහුව හැඳින්නුවේ. එයාට මිනිස්සු බදු ගෙවන්න පටන්න ගත්තා. අන්තිමට ඒ කුඹුරු වතුපිටිවල හිමිකාරයා බවට පත්වුණේ මහාසම්මත රජ්ජුරුවෝ. කුඹුරුවලට අධිපති නිසා (**ඛෙත්තානං අධිපතී ති ඛත්තියෝ**) '**ක්ෂත්‍රිය**' වුණා. ඒ විතරක් නෙමෙයි (**ධම්මේන පරේ රඤ්ජේතීති කෝ වා සෙට්ඨා රාජා**) ධර්මානුකූලව අන්‍යයන්ව සතුටු කරවන නිසා '**රජතුමා**' නමින් ප්‍රසිද්ධ වුණා. මෙන්න මේ විදිහට තමයි පැරණි ලෝකය තුළ කුල සම්මතය ඇතිවුණේ. මේ විදිහට විස්තර කරලා බුදුරජාණන් වහන්සේ ආයෙමත් වදාළා "ඒ නිසා පින්වත් වාසෙට්ඨයෙනි, මෙලොවත් පරලොවත් ජනයාට ශ්‍රේෂ්ඨ වන්නේ ධර්මයමයි" කියලා.

ලාමක අකුසල් නිසා අපට වෙච්ච දෙයක්...

මේ පිරිස අතර මේ සිද්ධ වෙච්ච දේ ගැන හරිම කලකිරීමෙන් පසුවෙච්ච සමහරු හිටියා. "අනේ මේ ලාමක අකුසල් හට අරගෙන අපට වෙච්ච දෙයක්. බොරු කියන්න, හොරකම් කරන්න පටන් ගත්තා. මොකද මේ අපට වුණේ?" කියලා කලකිරිලා "අපේ හිත් වලින් මේ පව් බැහැර කරන්න ඕනෙ" කියලා මේගොල්ලෝ ගම අත්හැරලා වනාන්තරයට ගිහින් තනි තනි කුටි හදාගෙන ජීවත්වුණා. මේ අය කෑමට බීමට විතරක් භාජනයක් අරගෙන ගමට යනවා. පිණ්ඩපාතේ ගිහින් අනුන් උයපු දේවල් ඉල්ලාගෙන වළඳනවා.

ගමේ මිනිස්සු ඇහුවා "මේ මොකද ඕගොල්ලෝ ගම අත්හැරලා?" කියලා. ඒ අය කිව්වා "අපි මේ පාපී අකුසල් බැහැර කරන අය" කියලා. අන්න ඒ අයට නමක් හැදුණා "බ්‍රාහ්මණ" කියලා. ඒ කියන්නේ **(පාපකේ අකුසලේ ධම්මේ බාහෙන්තීති බ්‍රාහ්මණා)** පාපී අකුසල් බැහැර කරනවා කියන අර්ථයෙන් තමයි බ්‍රාහ්මණ කිව්වේ.

බ්‍රාහ්මණ සමාජය හැදුණේ මෙහෙමයි...

ඊට පස්සේ මිනිස්සු "මේ අය මොකද කරන්නේ" කියලා ගිහින් බැලුවා. එතකොට දැක්කා මේ අය වාඩි වෙලා අත් කකුල් නවාගෙන ඇස් වහගෙන ඉන්නවා. "මොකද කරන්නේ?" කියලා ඇහුවා. "භාවනා කරනවා" කිව්වා. ඊට පස්සේ මේ අයට ධ්‍යාන කරනවා කියන අර්ථයෙන් **'ඣායකා'** කියලා නමක් පටබැඳුණා. හැබැයි ධ්‍යාන කරන්න කියලා වනාන්තර වලට ගිය හැමෝටම ඒක කරගන්න බැරිවුණා. සමහරුන්ට පුළුවන් වුණා. බැරි අය හිමිහිට වනාන්තරය අත්හැරලා ගම් සීමාව තුළ පොඩි කුටි හදාගත්තා. හදාගෙන අහස දිහා බලලා තරු ගණන් කරලා නැකැත් ලියන්න පටන් ගත්තා. ගස් කොළන් දිහා බලලා බේත් ලියන්න පටන් ගත්තා.

ඊට පස්සේ මිනිස්සු බැලුවා 'මේගොල්ලෝ මොකද මේ කරන්නේ? භාවනා කරන්නෙත් නැහැ. ධ්‍යාන වඩන්නෙත් නැහැ.' ඒ නිසා මේ අයට ධ්‍යාන නොකරන්නෝ කියන අදහසින් **'අජ්ඣායකා'** කියලා නමක් වැටුණා. මෙන්න මෙහෙමයි ඔය බ්‍රාහ්මණ සමාජය හැදුණේ. එහෙම නැතුව දෙවියෝ මවලා නෙවෙයි. බුදුරජාණන් වහන්සේ වදාළා "පින්වත් වාසෙට්ඨයිනි, ඔය බ්‍රාහ්මණ සමාජය හැදුණේ මෙන්න මේ ආකාරයට ධර්මයට

අනුකූලවමයි. එහෙම නැතුව ඔය කියන ආකාරයේ දේව මැවිල්ලකින් නෙවෙයි. ඒ නිසා මෙලොවත් පරලොවත් ජනයා අතර ශ්‍රේෂ්ඨ වෙන්නේ ධර්මයමයි" කියලා.

වෙළඳ පැලැන්තිය ඇතිවුණ හැටි...

ඔය අතර තව කොටස් හිටියා. ඒ අය රජකම් කරන්න ගියෙත් නැහැ. භාවනා කරන්න ගියෙත් නැහැ. ගෙවල් දොරවල් හදාගෙන කුඹුරු වතුපිටි හදාගෙන හරකාබන ඇති කරගෙන බඩු මුට්ටු විකුණමින් වෙළඳාම් කරන්න පටන් ගත්තා. මේ ආකාරයේ නොයෙක් කර්මාන්තයන් පටන් ගත්ත නිසා ඒ අයට "වෛශ්‍ය" කියලා නම වැටුණා. බුදුරජාණන් වහන්සේ වදාළා "පින්වත් වාසෙට්ඨයිනි, ඔය වෛශ්‍ය පැලැන්තිය ඇතිවුණේ ඔය විදිහටයි. ඒ නිසා මෙලොවත් පරලොවත් මිනිසුන් අතර ශ්‍රේෂ්ඨ වෙන්නේ ධර්මයමයි" කියලා.

කුලය හෝ ජාතිය බලපාන්නේ නෑ...

බුදුරජාණන් වහන්සේ මෙහෙම අදහස් ඉදිරිපත් කරන කොට බ්‍රාහ්මණ මතවල මුල් බැසගෙන හිටපු බ්‍රාහ්මණ සමාජයේ අයට කනට ගැහුවා වගේ තියෙන්න ඇති. ඊට පස්සේ බුදුරජාණන් වහන්සේ වදාළා "පින්වත් වාසෙට්ඨයිනි, ක්ෂත්‍රිය හෝ වේවා බ්‍රාහ්මණ හෝ වේවා වෛශ්‍ය හෝ වේවා ශූද්‍ර හෝ වේවා මේ කවුරු වුණත් කයෙන් දුසිරිත් කරලා, වචනයෙන් දුසිරිත් කරලා, මනසින් දුසිරිත් කරලා, මිථ්‍යා දෘෂ්ටික වෙලා, මිථ්‍යා දෘෂ්ටික කටයුතුවල යෙදිලා වාසය කළොත්, අන්න ඒ කෙනා මරණින් මත්තේ දුක් සහිත අපායේ උපදිනවා" කියලා. ඒකටත් කුලය හෝ ජාතිය බලපාන්නේ නැහැ.

ඊළඟට බුදුරජාණන් වහන්සේ වදාළා "පින්වත් වාසෙට්ඨයිනි, ක්ෂත්‍රීය හෝ වේවා බ්‍රාහ්මණ හෝ වේවා වෛශ්‍ය හෝ වේවා ශුද්‍ර හෝ වේවා මේ කවුරු වුණත් කයෙන් සුචරිතයේ යෙදිලා, වචනයෙන් සුචරිතයේ යෙදිලා, මනසින් සුචරිතයේ යෙදිලා, සම්මා දිට්ඨියෙන් යුතුව වාසය කළොත් අන්න ඒ කෙනා මරණින් මත්තේ සැප සහගත සුගතියේ උපදිනවා" කියලා. ඒකට කුලය හෝ ජාතිය බලපාන්නේ නැහැ.

ඒ විතරක් නෙවෙයි බුදුරජාණන් වහන්සේ වදාළා "ක්ෂත්‍රීය හෝ වේවා බ්‍රාහ්මණ හෝ වේවා වෛශ්‍ය හෝ වේවා ශුද්‍ර හෝ වේවා මේ කවුරු වුණත් කයෙන් දුසිරිතෙත් යෙදෙනවා. කයෙන් සුචරිතයේත් යෙදෙනවා. වචනයෙන් දුසිරිතෙත් යෙදෙනවා. වචනයෙන් සුචරිතයේත් යෙදෙනවා. ඒ වගේම මනසින් දුසිරිතෙත් යෙදෙනවා. මනසින් සුචරිතයේත් යෙදෙනවා. කාලෙකට 'පින් පව් තියෙනවා' කියලා විශ්වාස කරගෙන සම්මා දිට්ඨියෙන් ඉන්නවා. කාලෙකට 'පින් පව් මොකවත් නැහැ' කියලා සම්මා දිට්ඨියයි, මිථ්‍යා දෘෂ්ටියයි දෙකම කළවම් කරගෙන ජීවත් වෙනවා. අන්න ඒ අය මරණින් මත්තේ සැප දුක් මිශ්‍ර විපාක තියෙන ලෝකයක උපදිනවා" කියලා.

අමා නිවනට පත්වෙන උතුමන් වහන්සේලා...

ඊළඟට බුදුරජාණන් වහන්සේ වදාළා ක්ෂත්‍රීය හෝ වේවා බ්‍රාහ්මණ හෝ වේවා වෛශ්‍ය හෝ වේවා ශුද්‍ර හෝ වේවා මේ කවුරු වුණත් කයෙන් සංවර වෙනවා නම්, වචනයෙන් සංවර වෙනවා නම්, මනසින් සංවර

වෙනවා නම්, බෝධිපාක්ෂික ධර්ම තිස් හත දියුණු කර ගන්නවා නම් අන්න ඒ කෙනා සියලු දුක් නැතිකරලා අමා නිවනට පත්වෙලා පිරිනිවන්පානවා" කියලා.

ඒ බෝධිපාක්ෂික ධර්ම තිස් හත (37) තමයි,

1 සතර සතිපට්ඨානය (4)
2 සතර සම්‍යක් පධාන වීරිය (4)
3 සතර ඉර්ධිපාද (4)
4 පංච ඉන්ද්‍රිය (5)
5 පංච බල (5)
6 සප්ත බොජ්ඣංග (7)
7 ආර්ය අෂ්ටාංගික මාර්ගය (8)

එතකොට අපට පේනවා යම් කෙනෙක් මෙන්න මේ බෝධිපාක්ෂික ධර්ම තිස් හත දියුණු කරගන්නවා නම් තමයි ශ්‍රේෂ්ඨ වෙන්නේ කියලා. ඒ කියන්නේ ශ්‍රේෂ්ඨ වෙන්නේ ධර්මයමයි.

සනංකුමාර බ්‍රහ්ම රාජයාගේ අදහස...

බුදුරජාණන් වහන්සේ වදාළා "දැන් බලන්න පින්වත් වාසෙට්ඨයිනි, සනංකුමාර බ්‍රහ්මරාජයා පවා බුදුරජාණන් වහන්සේ ගැන මෙන්න මෙහෙම ප්‍රකාශ කරලා තියෙනවා. "යම්කිසි කෙනෙකුගේ ගෝත්‍ර අනුපිළිවෙළ හොයාගෙන ගියොත් ජනයා අතර ශ්‍රේෂ්ඨ වෙන්නේ ක්ෂත්‍රිය වංශිකයෝයි. දෙවි මිනිසුන් අතර විජ්ජාචරණ සම්පන්න වූ යමෙක් ඇද්ද, ඒ සියලු දෙවි මිනිසුන් අතර ශ්‍රේෂ්ඨතම කෙනා ඔහුයි" කියලා.

බුදුරජාණන් වහන්සේ වදාළා "පින්වත් වාසෙට්ඨයිනි, සනංකුමාර බ්‍රහ්මරාජයා ඔය කියපු

කතාව (සුගීතා) හොඳට කියපු එකක්. (න දුග්ගීතා) වැරදි විදිහට කියපු එකක් නෙවෙයි. (සුභාසිතා) ඒක යහපත්වූ කියමනක්. (න දුබ්භාසිතා) අයහපත් කියමනක් නොවෙයි. ඒක (අත්ථසංහිතා) අර්ථවත් කියමනක්. (න අනත්ථසංහිතා) අනර්ථවත් කියමනක් නොවෙයි. (අනුමතා මයා) මා විසින් එය අනුමත කොට වදාළා. ඒ නිසා පින්වත් වාසෙට්ඨයිනි, මමත් ඒ කියමන ඒ විදිහටම කියනවා. මේ සත්වයන්ගේ ගෝත්‍ර පිළිවෙල හොයනවා නම් ජනයා අතර ශ්‍රේෂ්ඨ වෙන්නේ ක්ෂත්‍රීය වංශිකයන් කියලා. නමුත් දෙව්මිනිසුන් අතර ශ්‍රේෂ්ඨතම කෙනා හොයනවා නම් දෙව්මිනිසුන් අතර ශ්‍රේෂ්ඨතම වෙන්නේ විජ්ජාචරණ සම්පන්න වූ රහතන් වහන්සේයි."

විශේෂ අවධානයට කරුණු දෙකක්...

බුදුරජාණන් වහන්සේ මේ සූත්‍ර දේශනාවෙන් විශේෂ කරුණු දෙකක් පැහැදිලි කරලා දීලා තියෙනවා. එකක් තමයි මෙලොව පරලොව දෙකේදීම ශ්‍රේෂ්ඨ වෙන්නේ ධර්මයමයි කියන කාරණය. අනෙක තමයි මේ සංසාරගත සත්වයා ලෝක විනාශයෙන් පස්සේ ආයෙමත් සකස් වෙලා යන ආකාරය. බුදුරජාණන් වහන්සේ මේවා දේශනා කරලා තියෙන්නේ විශේෂ ඥාණ මත පිහිටලයි.

අද මේ ලෝකය ගැන පුරසාරම් දොඩවන උදවිය ඒවා කියන්නේ ලොකු දුරේක්ෂ වගේ උපකරණ හදලා ඒවායින් ග්‍රහවළලු දිහා තාරකාවන් දිහා බලලයි. බලන්න මේ උපකරණ කිසිම දෙයක් නැති කාලේ බුදුරජාණන් වහන්සේ මේ ලෝකය දිහා බලලා මේ ලෝකය හැදෙන හැටි ගැන, හිරු සඳු ග්‍රහතාරකා ගැන කොයිතරම් විස්මයජනක දේවල් ප්‍රකාශ කරලා තියෙනවාද කියලා.

යමෙක් ශ්‍රේෂ්ඨත්වයට පත්වුණා නම් ඒ ධර්මයෙන්මයි...

ඊළඟට බුදුරජාණන් වහන්සේ මේ දේශනාවෙන් පෙන්වලා දුන්නේ මෙලොවත් පරලොවත් ශ්‍රේෂ්ඨ වෙන්නේ ධර්මයමයි කියන කාරණයයි. පින්වතුනි, අපේ ජීවිත වුණත් යම් දවසක ශ්‍රේෂ්ඨත්වයක් කරා ගොඩනඟා ගන්නවා නම් ඒක කරන්න පුළුවන් වෙන්නේ ධර්මයෙන්මයි. අපේ ජීවිතයේ හැමදෙයක්ම දියුණු කරන්න තියෙන්නේ ධර්මයෙන්මයි. ධර්මානුකූලව අපේ ජීවිතය දියුණු කරගත්තොත් මෙලොව ජීවිතය විතරක් නෙවෙයි, පරලොව ජීවිතයත් ශ්‍රේෂ්ඨ එකක් කරගන්න පුළුවන්.

පින්වතුනි, අපි මේ අග්ගඤ්ඤ සූත්‍රය කිසිම සංස්කරණයක් කරන්නේ නැතුව බුදුරජාණන් වහන්සේ වදාළ ආකාරයටම ඉගෙන ගත්තා. බලන්න මේකේ කොතැනකවත් සඳහන් වෙලා නෑ පිටසක්වලවල් වලින් ජීවීන් ඇවිල්ලා පදිංචි වෙච්ච කතාවක්. මේකේ සඳහන් වෙන්නේ මේ ලෝකය විනාශවුණාට පස්සේ මේ ලෝකයේ ඉන්න සත්වයින් ආලෝක ශරීර බවට පත්වෙනවා. කාලයක් යනකොට මේ ලෝකය ආයෙමත් හැදුනට පස්සේ සත්වයින් ඒ තැන් වලින් චුතවෙලා ආයෙමත් ටිකෙන් ටික සකස් වෙනවා. එහෙම නැතුව සත්වයින්ගේ අමුතු හටගැනීමක් ගැන කිසිම බුද්ධ දේශනාවක නැහැ.

ශ්‍රේෂ්ඨ වෙන්නේ ධර්මයෙන්මයි...

බුදුරජාණන් වහන්සේ නිරන්තරයෙන් වදාළේ

"අවිද්‍යාවෙන් වැසුණු තණ්හාවෙන් බැඳුණු මේ සත්වයන්ගේ ආරම්භක කෙළවරක් දකින්න බැහැ **(අවිජ්ජා නීවරණානං සත්තානං තණ්හා සංයෝජනානං පුබ්බාකෝටි න පඤ්ඤායති)**" ඒ නිසා අපි මේ දේශනාව පටලවා ගන්න හොඳ නැහැ. අපට මේ දේශනාවෙන් හොඳාකාරවම පැහැදිලි වෙන කාරණය තමයි මෙලොවත් පරලොවත් ශ්‍රේෂ්ඨ වෙන්නේ ධර්මයමයි කියන කාරණය. ඉතින් ඒ ශ්‍රේෂ්ඨ වූ උතුම් වූ ධර්මය අපේ ජීවිත වලටත් සම්බන්ධ කරගෙන අපි සියලු දෙනාටම මේ ජීවිතය තුළ චතුරාර්ය සත්‍යය ධර්මය අවබෝධ කරගන්න වාසනාව ලැබේවා!

සාදු! සාදු!! සාදු!!!

නමෝ තස්ස භගවතෝ අරහතෝ සම්මාසම්බුද්ධස්ස
ඒ භාග්‍යවත් අරහත් සම්මා සම්බුදුරජාණන් වහන්සේට නමස්කාර වේවා!

02.

භද්‍රක සූත්‍රය

(සංයුත්ත නිකාය 4 - ගාමණී සංයුක්තය)

ශ්‍රද්ධාවන්ත පින්වතුනි,

අද අපි ඉගෙන ගන්නේ ඉතාමත්ම ලස්සන දේශනයක්. මේ දේශනාව ඇතුළත් වෙලා තියෙන්නේ සංයුත්ත නිකායේ හතර වෙනි කොටසට. මේ දේශනාවේ නම 'භද්‍රක සූත්‍රය.' මේ දේශනාව කරද්දී බුදුරජාණන් වහන්සේ වැඩසිටියේ මල්ල ජනපදයේ උරුවේලකප්ප කියන නියම් ගමේ. ඒ ගමේ හිටපු භද්‍රක ගාමණී කියලා ප්‍රධානියෙකුට තමයි බුදුරජාණන් වහන්සේ මේ දේශනාව වදාළේ. එදා භද්‍රක ගාමණී බුදුරජාණන් වහන්සේව බැහැ දකින්න පැමිණිලා බුදුරජාණන් වහන්සේට වන්දනා කරලා එකත්පසක ඉඳගෙන අපූරු ප්‍රශ්නයක් අහුවා.

සාමාන්‍යයෙන් පොදුවේ ගත්තොත් ගිහි කෙනෙකුට මේ වගේ ප්‍රශ්නයක් අහන්න තරම් කල්පනාවක් ඇති වෙන්නේ නෑ. සමහර අය ඇවිදින් උන්වහන්සේ ගෙන්

අහල තියෙනවා "ස්වාමීනී භාග්‍යවතුන් වහන්ස, අපි මල් සුවඳ විලවුන් දරන අය. අපි කසී සළු පොරවන අය. අපි අඹු දරුවන් පෝෂණය කරන අය. ඒ නිසා අපට ගැලපෙන ධර්මයක් දේශනා කරන්න" කියලා. මේ විදිහට අහපු අවස්ථා නම් අපට සමහර බුද්ධ දේශනාවල මුණගැහෙනවා.

බුදු කෙනෙක් පහළ වීමේ ඉලක්කය...

නමුත් මේ භද්‍රක ගාමණී අහපු ප්‍රශ්නය දිහා බලපුවහම පේනවා බුදුරජාණන් වහන්සේ නමක් පහළවීමේ ඉලක්කය මොකක්ද කියලා භද්‍රකට අහන්න ලැබිලා තියෙන බව. ඒ ඉලක්කය තමයි මේ ලෝක සත්වයන්ට දුක අවබෝධ කරන හැටි කියාදීම. දුකේ හේතුව ප්‍රහාණය කරන හැටි කියාදීම. දුක නැතිවීම සාක්ෂාත් කරන හැටි කියාදීම. දුක නැතිකරන මාර්ගය ප්‍රගුණ කරන හැටි කියාදීම. භද්‍රකටත් මේ ගැන අහන්න ලැබෙන්න ඇති.

ඉතින් මෙයා බුදුරජාණන් වහන්සේට වන්දනා කරලා ඇහුවා "ස්වාමීනී භාග්‍යවතුන් වහන්ස, මට දුකේ හටගැනීමත්, දුකේ නැතිවීමත් කියාදෙන සේක්වා!" කියලා. නමුත් බුදුරජාණන් වහන්සේ ඉතාමත් සරල දෙයකින් තමයි භද්‍රකට ඒක පැහැදිලි කරලා දුන්නේ. මේ වගේ ප්‍රශ්නයක් අපෙන් වුණත් කෙනෙක් එකපාරටම ඇහුවොත් අපි වුණත් පැටලෙනවානේ. අපි ඉතින් පංච උපාදානස්කන්ධය ගැන, පටිච්ච සමුප්පාදය ගැන ලොකු විස්තරයක් කරන්න පටන් ගනියි. ඊට පස්සේ අපි කියයි තවදුරටත් මේ ගැන ගැඹුරින් ඉගෙන ගන්න ඕනේ නම් ඔයා මේ මේ පොත් කියවන්න කියලා. මොකද හේතුව, අපට කෙනෙකුගේ ඉන්ද්‍රිය ධර්මයන් තේරුම් ගැනීමේ

හැකියාවක් නැහැ. ඒ කියන්නේ ධර්මය අවබෝධ කරන්න පුළුවන් විදිහට එයාගේ චිත්ත අභ්‍යන්තරයේ තියෙන කුසලතාවන් අපට තේරුම් ගන්න පුළුවන්කමක් නැහැ.

බුදුරජාණන් වහන්සේ නමකට විතරයි ඉන්ද්‍රිය පරෝපරියත්ත ඥාණය තියෙන්නේ. ඉන්ද්‍රිය පරෝපරියත්ත ඥාණය කියලා කියන්නේ කෙනෙකුගේ අභ්‍යන්තර ජීවිතය තුළ ජීවිතාවබෝධය පිණිස හේතුවන ආකාරයට ගොඩනැගිලා තියෙන කුසලතාවයන් දැකීමේ හැකියාවයි. ඒ නිසා බුදුරජාණන් වහන්සේට පුළුවන් කෙනෙක් ප්‍රශ්නයක් ඇහුවොත් ඒ ප්‍රශ්නයට අදාළ පිළිතුර ඒ කෙනාට ගැලපෙන විදිහටම දෙන්න.

වාඩිවී සිටින ආසනයේදීම ධර්මාවබෝධය පිණිස...

ඒ අවස්ථාවේ බුදුරජාණන් වහන්සේ වදාළා "පින්වත් භද්‍රක, මම ඔබට 'අතීතයේ දුකේ හටගැනීම මෙහෙමයි. අතීතයේ දුකේ නැතිවීම වුණේ මෙහෙමයි' කියලා අතීතය අරභයා ධර්මය දේශනා කළොත් ඔබට සැක හිතෙන්න පුළුවන් 'ඔහොම කිව්වට ඕක ඔහොම වුණාද කවුද දන්නේ?' කියලා. ඒ වගේම පින්වත් භද්‍රක, මම ඔබට අනාගතයේ දුකේ හටගැනීම මේකයි. අනාගතයේ දුකේ නැතිවීම මේකයි කියලා කිව්වොත් ඔබට සැක හිතෙන්න පුළුවන් 'ඔය කිව්වට ඕක එහෙම වෙයිද කවුද දන්නේ' කියලා. ඒ නිසා මම අනාගතය අරභයා ඔබට දුක ගැන කියන්න යන්නේ නැහැ. පින්වත් භද්‍රක, මම ඔබට ඔය වාඩිවී සිටින ආසනයේදීම දුකේ හටගැනීම, දුකේ නැතිවීම අත්දකින හැටි කියා දෙන්නම්" කියලා. භද්‍රක ගාමණී ඒ ගැන බොහෝම සතුටුවුණා.

ඊට පස්සේ බුදුරජාණන් වහන්සේ භද්‍රකගෙන් අහනවා "පින්වත් භද්‍රක ගාමණී, ඔබ මේ ගැන මොකක්ද හිතන්නේ? මේ උරුවේලකප්ප කියන ගම්මානේ ඉන්නවාද මැරුණහම ඔබට දුක හිතෙන මිනිස්සු. ඒ මිනිස්සුන්ට කරදරයක් විපතක් බලාපොරොත්තු නොවන දෙයක් සිදුවුණාම, ඔබට ඒ ගැන දුකක් කණගාටුවක් ශෝකයක් වැළපීමක් ඇතිවෙන අය ඉන්නවාද?" එතකොට භද්‍රක ගාමණී කියනවා "ස්වාමීනි භාග්‍යවතුන් වහන්ස, මේ ගමේ සමහර මිනිස්සු ඉන්නවා ඒ අය මැරුණොත් මට දුකක් ශෝකයක් ඇතිවෙනවා. ඒ මිනිස්සුන්ට බලාපොරොත්තු නැති විදිහට විපතක් සිදුවුණොත් මම අඬාවි."

ඊළඟට බුදුරජාණන් වහන්සේ ඇහුවා "පින්වත් ගාමණී, මම ඔබගෙන් මෙහෙමත් අහන්නම්. මේ උරුවේලකප්ප කියන ගමේම ඉන්නවාද, ඒ අය මැරුණා කියලා, එහෙම නැත්නම් ඒ මිනිස්සුන්ට කරදරයක් විපතක් සිදුවුණා කියලා ඔබට දුකක් දොම්නසක් ඇතිවෙන්නේ නැති අය." "අනේ භාග්‍යවතුන් වහන්ස, එහෙම මිනිස්සුත් මේ ගමේ ඉන්නවා. මට ඒ අය උන්නත් එකයි මළත් එකයි. ඒ මිනිස්සුන්ට මොනවා හරි වුණත් එකයි නැතත් එකයි. මට ඒ ගැන කිසිම දුකක් දොම්නසක් ඇතිවෙන්නේ නැහැ."

ඒක හරි වැඩක්නේ...

ඊට පස්සේ බුදුරජාණන් වහන්සේ අහනවා "භද්‍රක ඒක හරි වැඩක්නේ. එකම ගමේ ජීවත්වෙන මිනිස්සුන් ගෙන් කොටසක් මරණයට පත්වුණාම ඔබ අඬන්නත්, දුකට ශෝකයට පත්වෙන්නත්, ඒ ගමේම ජීවත්වෙන තවත් මිනිස්සු කොටසක් මැරුණා කියලා දුකක් කණගාටුවක්

ඇති නොවෙන්නත් හේතුව මොකක්ද?" මේ භද්‍රක ගාමණී හරි බුද්ධිමත් කෙනෙක්. එයා කියනවා "ස්වාමීනී භාග්‍යවතුන් වහන්ස, මේ ගමේ ජීවත්වෙන මිනිස්සුන් ගෙන් කොටසක් මරණයට පත්වුණා කියලා අඬන්නත් දුකට ශෝකයට පත්වෙන්නත්, මේ ගමේම ජීවත් වෙන තවත් මිනිස්සු කොටසක් මරණයට පත්වුණා කියලා දුකක් කණගාටුවක් ඇති නොවෙන්නත් හේතුව තමයි, අඬන්න වැළපෙන්න හේතුවන පිරිස කෙරෙහි මගේ හිතේ තියෙන ඡන්දරාගය. අනිත් පිරිසට මොනව වුණත් කමක් නැහැ. ඒ අය හිටියත් එකයි මළත් එකයි. ඒ පිරිස කෙරෙහි මගේ හිතේ ඡන්දරාගයක් නැහැ. ඒකයි හේතුව."

දුක හටගන්නේ කැමැත්ත මුල්වෙලයි...

බුදුරජාණන් වහන්සේ වදාළා "ගාමණී, ඔන්න ඕකයි ධර්මය. ඔබ ඕක දකින්න." දැන් බලන්න මේ කාරණය සරලයි. ඕනෑම කෙනෙකුට තේරෙනවානේ. ඊළඟට බුදුරජාණන් වහන්සේ වදාළා "ගාමණී, ඔබ ඔය අත්දකින ධර්මය තේරුම් අරගෙන අතීතයටත් අනාගතයටත් ගලපන්න. 'අතීතයේ මට යම් දුකක් ඇතිවුණා නම් ඒ හටගත්තා වූ සියලු දුක් හටගත්තේ කැමති දෙයක් මුල්කර ගෙනයි. කැමති දෙයක් හේතු කරගෙනයි. ඒ විතරක් නෙවෙයි, අනාගතයේ මට යම් දුකක් හටගන්නවා නම් ඒ දුක හටගන්නෙත් කැමති දෙයක් මුල් කරගෙනයි. කැමති දෙයක්ම හේතු කරගෙනයි' කියලා."

මේකෙන් අපි එක දෙයක් හොඳට සිහි තබාගන්න ඕනේ. මේ විදිහට ජීවිතය දිහා බලන්න නම් අපි තුළ එක දෙයක් දියුණු වෙන්න ඕනේ. ඒ තමයි 'සිහිය.' අපි ජීවිතයේ කොච්චරවත් අඬනවා, ශෝක කරනවා, සුසුම් හෙළනවා.

අඬන්න සිද්ධවෙන කාරණා අපේ ජීවිතවල ඕනතරම් සිද්ධ වෙනවා. නමුත් අපි මොහොතකටවත් හිතන්නේ නැහැ 'මේක ඇතුළේ තියෙන කාරණාව මොකක්ද?' කියලා.

බුදුරජාණන් වහන්සේ වදාළා "වර්තමානයේ දුක් දොම්නස් විඳින ආකාරයටම තමයි අතීතයේත් දුක් විඳලා තියෙන්නේ. අතීතයේ යම් දුකක් හටගත්තා නම් ඒ දුක (ඡන්දමූලකා) කැමැත්ත මුල් කරගෙනයි හටඅරගෙන තියෙන්නේ. අනාගතයේ යම් දුකක් හටගන්නවා නම් ඒ දුකත් කැමැත්ත මුල් කරගෙනමයි හටගන්නේ" කියලා.

ධර්මය අල්ලපු කෙනාගේ විශේෂත්වය...

බලන්න ධර්මයේ පිහිටපු කෙනා කරුණු කියපු ගමන් ටක්ගාලා ධර්මය අල්ලන හැටි. දවසක් විශාඛා මහෝපාසිකාව ගිනි මද්දහනේ කොණ්ඩේ තෙමාගෙන බුදුරජාණන් වහන්සේව මුණ ගැහෙන්න ආවා. බුදුරජාණන් වහන්සේ ඇහුවා "මොකද විශාඛා මේ ගිනි මද්දහනේ?" "අනේ භාග්‍යවතුන් වහන්ස, අපේ ගෙදර හිටපු මිණිබිරී මැරුණා. ඒ මිණිබිරියගේ අවසන් කටයුතු ඉවර වෙලා මේ එන්නේ." එතකොට බලන්න විශාඛාවගේ මිණිබිරී මැරිච්ච බව බුදුරජාණන් වහන්සේ දන්නේ නැහැ. අවසන් කටයුතු ඉවරවෙච්ච බව දන්නෙත් නැහැ. එහෙනම් පාංශුකූලෙට ගිහිල්ලත් නැහැ.

හැමදාම අඬ අඬා ඉන්නද කැමැත්ත...?

බුදුරජාණන් වහන්සේ ඇහුවා "විශාඛා, ඔබ ඒ මිණිබිරීට ආදරේ ඇති නේද?" කියලා. "අනේ ස්වාමීනී, මම ඒ මිණිබිරියට හරිම ආදරෙන් හිටියේ. එයා ගෙදර ඉන්න කොට මුලු ගේම පිරිලා. මිණිබිරී එහාට මෙහාට

දුවන කොට මට හරිම සතුටුයි. මම ඒ ගැන හරි සතුටෙන් හිටියේ" කිව්වා. බුදුරජාණන් වහන්සේ ඊළඟට ඇහුවා "එහෙනම් විශාඛා, ඔබ පුංචි අයට හරි ආදරේ ඇති නේද?" "අනේ ස්වාමීනී, මම පුංචි අයට හරිම ආදරෙයි" කිව්වා. එතකොට උන්වහන්සේ අහනවා "එහෙනම් විශාඛා ඔබ කැමතිද මේ සැවැත් නුවර සිටින දරුවෝ සියලු දෙනාම ඔබේ මුණුබුරු මිණිබිරියෝ වෙනවට?" "අනේ ස්වාමීනී කොයිතරම් දෙයක්ද?"

එක මුණුබුරෙක්වත් එපා...

බුදුරජාණන් වහන්සේ ඇහුවා "විශාඛා, මේ සැවැත් නුවර දවසකට පුංචි අය කීදෙනෙක් මැරෙනවාද?" "ස්වාමීනී මේ සැවැත් නුවර හරි විශාලයිනේ. සමහර දවසකට දෙන්නෙකුත් මැරෙනවා. තුන්දෙනාත් මැරෙනවා. සමහර දවස්වලට හය හත් දෙනාත් මැරෙනවා" කිව්වා. ඒ වෙලාවේ බුදුරජාණන් වහන්සේ වදාළා "එහෙනම් විශාඛා මේ සැවැත් නුවර මුණුබුරු මිණිබිරියෝ ඔක්කොම ඔබේ වුණොත් ඔබට හැමදාම කොණ්ඩෙ තෙමාගෙන අඬ අඬා නේද ඉන්න වෙන්නේ?" කියලා. මේක කියපු ගමන් විශාඛාට තේරුණා. ඒ වෙලාවෙම ඈය කියනවා "අනේ ස්වාමීනී, මට එක මුණුබුරෙක්වත් මිණිබිරියක්වත් ඕනේ නැහැ."

බැරිවෙලාවත් අපි මේ යුගයේ විශාඛාලා වෙන්න හිතාගෙන ඉන්න කෙනෙකුගෙන් ඔය වගේ ප්‍රශ්නයක් ඇහුවොත් අපටත් එක්ක බැණ බැණ යයි. "මගේ ඔළුව ගිනි අරන් දුකෙන් ඉන්න වෙලාවේ මේ හාමුදුරුවෝ ඕන්න අහපු ප්‍රශ්නේ" කියලා. අන්න බලන්න ශ්‍රද්ධාවට පැමිණිච්ච කෙනෙකුගේ තියෙන වෙනස. ධර්ම කාරණයක් කියපු ගමන්ම ඒකට එකඟ වෙනවා.

බොහෝ දෙනෙක් සත්‍යයට විවෘත වෙන්නේ නෑ...

සමහර අවස්ථාවල චිත්ත පීඩාවල් ඇතිවෙච්ච සමහරුන්ට "මේ සංසාරේ උපදිනතාක් කල්ම ඔය වගේ ප්‍රශ්න වලට මුහුණ දෙන්න සිද්ධ වෙනවා" කියලා ධර්මානුකූලව කාරණය පැහැදිලි කරලා දුන්නට ඒක අහන්න කැමති නැහැ. ඒ අය කැමති ඒක අහලා හිත හදා ගන්න නෙමෙයි. බොහෝ දෙනෙක් කැමති ලඟට අඬගහලා ඔළුව අත ගගා "අනේ මොනව කරන්නද? අපටත් ඉතින් දුකයි" කියලා අපිත් එයා එක්කම අඬනවාටයි. එහෙම වුණොත් කියයි "අනේ ඒ ස්වාමීන් වහන්සේ නම් හරී හොඳයි. ඒ ස්වාමීන් වහන්සේට විතරයි අපේ දුක තේරුණේ" කියලා. අන්න ඒකට තමයි මිනිස්සු කැමති. බොහෝ දෙනෙක් සත්‍යයට විවෘත වෙන්න කැමති නැහැ. බුදුරජාණන් වහන්සේගේ ධර්මය තියෙන්නේ සත්‍යය විවෘත කිරීමටයි.

ඡන්දරාගය නිසයි මේ හැමදේම...

නමුත් භද්‍රක ගාමණීට සත්‍යයේ තියෙන විවෘතභාවය තේරුම් ගන්න පුළුවන්කම ලැබුණා. භද්‍රක ගාමණී කියනවා "ස්වාමීනී භාග්‍යවතුන් වහන්ස, අපේ පුතාගේ නම 'චිරවාසී.' පුතා ඉන්නේ දුර ඈත පළාතක බෝඩින් කරලා. මම උදේ පාන්දරින්ම 'පුතාව එක්ක එන්න' කියලා කෙනෙක්ව පිටත් කරලා යවනවා. නමුත් ස්වාමීනී භාග්‍යවතුන් වහන්ස, මේ දරුවා එන්න පරක්කු වෙන්න පරක්කු වෙන්න 'මොකද මේ ළමයා තවම නැත්තේ' කියලා මගේ පපුව පත්තු වෙනවා. හවස් වෙන්න වෙන්න

මම පාර දිහා බලාගෙන කල්පනා කරනවා 'උදේ පාන්දරින් පිටත් කරපු මනුස්සයා කෝ තාම නැහැනේ' කියලා. ස්වාමීනී භාග්‍යවතුන් වහන්ස, මට දැන් තේරෙනවා මේක වෙන්නේ ඡන්දරාගය නිසයි" කියලා.

එතකොට බුදුරජාණන් වහන්සේ අසා සිටියා "පින්වත් භද්‍රක ගාමණී, ඔබේ ඔය චිරවාසී කියන පුතා හදිසියේවත් මළොත්.. එහෙම නැත්නම් කරදරයකට පත්වුණොත් ඔබට මොකක් සිදුවෙයිද?" එතකොට ගාමණී කියනවා "භාග්‍යවතුන් වහන්ස, එහෙම වුණොත් මට උහුලගන්න බැරි දුකක් වේදනාවක් ඇතිවෙයි. මගේ ජීවිතයටත් මොනවා වෙයිද දන්නේ නැහැ."

දුක් දොම්නස් නැතුව ජීවත් වෙන්නේ කවදාද?...

ඒ වෙලාවේ බුදුරජාණන් වහන්සේ වදාළා "පින්වත් භද්‍රක, ඔබ මෙන්න මෙහෙම කල්පනා කරන්න 'මම කොහොමද මේ දුක් දොම්නස් සෝක වැළපීම් නැතුව ජීවත් වෙන්නේ?' කියලා. අන්න එහෙම කල්පනා කරන කොට තේරුම්ගන්න තියෙන ධර්මය මෙයයි. 'මේ ලෝකයේ යම්කිසි දුකක් උපදිනවා නම් ඒ සියලු දුක් හට ගෙන තියෙන්නේ **(ඡන්ද මූලකං)** කැමැත්ත මුල් වෙලයි. **(ඡන්ද නිදානං)** කැමැත්තම තමයි ඒක අතුළේ නිදන් වෙලා තියෙන්නේ. **(ඡන්දෝ හි මූලං දුක්ඛස්ස)** මේ දුකට මුල කැමත්තමයි" කියලා.

ධර්මයේ පිහිටපු වාසනාවන්ත ජීවිත...

ඇත්තෙන්ම පින්වතුනි, අපි දුක් විඳින්නෙත් මේ කාරණය නිසාමයි. අපට අවබෝධ නොවන්නෙත් මේ

කාරණේමයි. ඔබ අහලා ඇති බන්ධුල මල්ලිකා ගැන. බන්ධුල මල්ලිකාගේ ගෙදර දානමය පින්කමක් සිද්ධ කරන වෙලාවේ එක මනුස්සයෙක් කලබලයෙන් ඇවිල්ලා තුණ්ඩු කෑල්ලක් දුන්නා. බන්ධුල මල්ලිකා මේ තුණ්ඩු කෑල්ල බලලා ගුලි කරලා ඉනේ ගහගෙන දානේ බෙදාගෙන ගියා. ඒ වෙලාවේ දානේ බෙද බෙදා හිටිය දාසියකගේ අතින් ව්‍යංජන භාජනයක් අත්හැරිලා බිඳුණා. බන්ධුල මල්ලිකාව ඒ පැත්ත බලද්දි සාරිපුත්ත මහරහතන් වහන්සේ වදාළා "පින්වත් උපාසිකාව, කැඩෙන බිඳෙන දේවල් ඉතින් කැඩිල බිඳිලා යනවා නෙව" කියලා.

පෘථග්ජනයාගෙයි, ආර්ය ශ්‍රාවකයාගෙයි වෙනස...

එතකොට බන්ධුල මල්ලිකා "ස්වාමීනී, මේ ලියුම් කෑල්ල පොඩ්ඩක් බලන්න" කියලා ඉනේ ගහගෙන හිටපු ලියුම් කෑල්ල පෙන්නුවා. "මගේ මහත්තයයි, දරුවෝ තිස් දෙනයි සතුරෙකුගේ කුමන්ත්‍රණයකින් මේ දැන් මරණයට පත්වෙලා. ඒත් මම කම්පා වුණේ නැහැ. ස්වාමීනී, මම මේ සංසාරේ ස්වභාවය අවබෝධ කරගෙනයි ඉන්නේ. මම හිත හදාගෙනයි දානෙ පූජා කරන්නේ." අන්න බලන්න ධර්මය අවබෝධ කරගත්ත කෙනා ප්‍රශ්නයක් වුණ ගමන් ඉක්මනින්ම ධර්මයේ පිහිටනවා. කම්පා වෙන්නේ නැහැ. ධර්මයේ පිහිටපු නැති කෙනෙක් නම් බලන්න තිබ්බා වැඩේ. එතැන දෙකක් කරයි. අර ව්‍යංජන පීරිසි ටික පොළොවේ ගහලා කොණ්ඩේ කඩාගෙන රෝල් වෙවී අර ස්වාමීන් වහන්සේලාටත් බණියි. "අනේ ස්වාමීනී, බලන්න මට වෙච්ච දේ. මම මෙච්චර පින් කළා. කෝ ඒවායේ විපාක. අපටමයි මේවා වෙන්නේ" කියලා කියයි.

මොකද ශ්‍රද්ධාවේ නොපිහිටපු කෙනාගේ හිතට ප්‍රශ්නයක් ඇතිවුණාම ධර්මය සිහි කරවන්න අමාරුයි. මේ වෙනස සමාජය තුළ හොඳට දකින්න තියෙනවා. ධර්මයේ පිහිටපු කෙනා මොනතරම් කරදර පීඩා ආවත් ධර්මය තුළම රැඳිලා ඉන්නවා. ධර්මයේ නොපිහිටපු කෙනා ප්‍රශ්නයක් වෙච්ච ගමන් කරන්නේ ධර්මයට බනින්න පටන් ගන්න එකයි. ඒක ඕනෑම ආගමකට පොදු එකක්. අනිත් ආගම් ගැන කතා කරන්නම දෙයක් නැහැ.

බාහිර ලෝකයට චෝදනා කිරීම නවත්වන්න...

අපි දන්න එක ක්‍රිස්තියානි ආගමේ ගෙදරක් තිබ්බා. ඒ ගෙදර මහත්තයා උණ ගැනිලා තමයි මරණයට පත්වුණේ. ඉතින් මේ මනුස්සයා මැරෙනකම්ම කළේ දෙවියන් වහන්සේට බැණපු එකයි. ඒක තමයි ඕනෑම කෙනෙකුගේ හැටි. අවබෝධය කරා යනකම්ම හැම තිස්සේම බාහිර ලෝකයට චෝදනා කර කර ඉන්නේ. බාහිර ලෝකයට චෝදනා කරන එක නැතුව යන්නේ ජීවිතය ගැන අවබෝධය ඇතිවෙච්ච දවසටයි.

බුදුරජාණන් වහන්සේ භද්‍රක ගාමණීට හිතන්න තවත් කාරණයක් ඉදිරිපත් කළා. උන්වහන්සේ අහනවා "පින්වත් ගාමණී, ඔය චිරවාසී කියන ඔබේ පුතාගේ අම්මා ගැන චුට්ටක් හිතන්න." (එතකොට ඒ අම්මා කියන්නේ භද්‍රක ගාමණීගේ බිරිඳ) ඔබ එයා ගැන අහලා තිබුණේ නැත්නම්, දකින්න ලැබුණේ නැත්නම් ඔබේ හිතේ ඇය ගැන රාගයක් ප්‍රේමයක් සෙනෙහසක් ඇතිවෙයිද?" මෙයා කියනවා "ස්වාමීනී භාග්‍යවතුන් වහන්ස, යම් දවසකද ඇයව දැක්කේ, යම් දවසකද ඇය ගැන අහන්න

ලැබුණේ අන්න එදා පටන් තමයි ඒ බන්ධනය ඒ ප්‍රේමය ඒ සෙනෙහස ඇතිවුණේ.” දැන් බලන්න මේක කොයිතරම් සත්‍යයක්ද?

දුක හිතෙන කතාවක්...

මේක කියවද්දී මට මතක් වුණා හරි සංවේග දායක සිදුවීමක්. මම ඒ කාලේ හිටියේ කොළඹ. මට මතකයි අවුරුදු විස්සක විතර දුවක් යාළුවෙක් එක්ක මගේ ළඟට ඇවිත් අඬන්න පටන්ගත්තා. ඒ දුව කිව්වා "ස්වාමීන් වහන්ස, මම බඳින්න හිටපු කෙනා ක්‍රියාන්විත රාජකාරියේ ඉන්දැද්දී මීට මාස හයකට කලින් නැතිවුණා” කියලා. එතකොට මේ දුව මේ මස හය තිස්සේම අඬ අඬා ඉන්නවා. ඒ දුව කියනවා "අනේ ස්වාමීනී, මට රස්සාව කරන්නත් බැහැ. මට කිසිදෙයක් කරගන්න බැහැ. මම කරන්නේ උදේ හවස අඬන එක විතරයි” කියලා.

මම ඒ දුවගෙන් ඇහුවා "දුව යම් දවසක ඒ ළමයාව දැක්කාද, යම් දවසක ඒ ළමයා ගැන අහන්න ලැබුණාද ඊට පස්සේ නේද දුවට ඒ පිළිබඳ ඇල්මක් ඇතිවුණේ?” කියලා. "ඔව්” කිව්වා. මම ඇහුවා "දුව එදා දැනගත්තා නම් මේ ළමයා තව අවුරුදු තුනකින් මැරෙනවා කියලා දුව ඒ දරුවත් එක්ක යාළුවෙයිද?” කියලා. "නැහැ” කිව්වා. මම කිව්වා "දුවට පේනවද මේ වෙනස් වෙලා යන ජීවිතයේ තියෙන අනිත්‍ය බව. මේ වෙනස් වෙලා යන ජීවිතය කෙරෙහි අපේ හිතේ තියෙන ඇල්ම නිසයි අපි මේ දුක් විඳින්නේ.” මම ඒ විදිහට ධර්මය කියලා ඇහුවා "දුවට මේක තේරුණාද?” කියලා. "තේරුණා” කිව්වා. ටිකක් වෙලා හිටියා. ඉඳලා ආයෙත් කියනවා "මට එයා ඕනේ. මට එයා නැතුව ඉන්න බැහැ” කියලා. ඒ සිදුවීම දැක්කහම හරී දුක හිතෙනවා. ඒ දරුවට මේ ධර්ම කාරණේ තේරුම්

කර කර කියන්න හදනවා. නමුත් ඒ ධර්මය තුළ සිහිය පිහිටුවා ගන්න බැහැ. බලන්න අනිත්‍ය දේ අනිත්‍ය වෙලා යද්දි මිනිස්සු කොයිතරම් දුක් විඳිනවාද? කියලා.

අනිත්‍ය වෙලා යන දේට ඇලුම් කරලා ඵලක් නෑ...

මම ඉතින් ඒ දුවට ආයෙ ආයේමත් ධර්ම කරුණු කියලා හිත හදන්න බැලුවා. මම අන්තිමට ඇහුවා "දුව දැන් ඔයා හිතාගෙන ඉන්න ඒ ළමයා මේ ලෝකයේ ඇහැට දකින්න නැහැ. පොළොව හෑරුවත් එහෙම කෙනෙක් හොයාගන්න බැහැ. මේ නැතිවෙලා යන දේකට ඇළුම් කිරීම නිසා නේද ඔය දුක් විඳින්නේ" කියලා. "ඔව්" කිව්වා. ආයෙ ටික වෙලාවක් බිම බලාගෙන ඉඳලා කිව්වා "මට එයා ඕනේ" කියලා. හරිම දුකයි. කතා කළා කළා එක වචනයක්වත් හිතට යන්නේ නැහැ. බලන්න මේ ඇලුම් කිරීම කියන දෙය කොච්චර භයානකද? ඇලුම් කිරීම නිසා සිහිය මුලාවෙලා යනවා. සතිපට්ඨානයෙන් සම්පූර්ණයෙන්ම බැහැර කරවනවා. ඊට පස්සේ ඒ දුවව මට අයේ දකින්න ලැබුණෙ නැහැ. ඒ හිටපු මානසික තත්වේ හැටියට මට හිතාගන්න බැහැ මොනවා වුණාද, මොනව කරගත්තාද? කියලා.

දැන් ඔබට තේරෙනවා ඇති 'ඇලුම් කිරීම කියන එක ජීවිතවලට කොයිතරම් බලපානවද' කියලා. අපට යමක් අහිමිවුණාම අපි අඬන්නේ, වැළපෙන්නේ, ශෝක කරන්නේ, සිහිය පිහිටුවාගන්න බැරි වෙන්නේ, ඇලුම් කරන දේ තුළ තියෙන වෙනස්වන ස්වභාවය අවබෝධ නොවීම නිසයි. අපට තේරුම් ගන්න පුළුවන් වුණොත් "වෙනස් වන දේකට නේද මම මේ ඇලුම් කරන්නේ. වෙනස්වන

දේකට ඇලුම් කිරීම නිසා නේද මම දුක් විඳින්නේ" කියලා අපට ඕනෑම අර්බුදයකදී ඔළුව උස්සගෙන ඉන්න පුළුවන්කම ඇතිවෙනවා. සුළු දෙයක් වෙච්ච ගමන් අපි කම්පා වෙන්නේ සැලෙන්නේ වෙනස්වන ලෝකය ගැන අවබෝධයක් නැති නිසාමයි. මේ දුක නැති වෙන්නේ මේ වෙනස්වන ලෝකයට ඇලුම් කිරීම අත්හැරපු දවසටයි. ඇලුම් කරන දේ තුළ තියෙන ඇත්ත දැකපු දවසටයි. අන්න එදාට අපි ඇලුම් කිරීම අත්හරිනවා.

ප්‍රේමය නිසා ශෝකය හටගනී...

දවසක් බුදුරජාණන් වහන්සේ භික්ෂූන් වහන්සේලා පිරිසකට ඇලුම් කිරීම නිසා දුක හටගන්නා හැටි ඉතාමත් සරල උපමාවකින් පැහැදිලි කරලා දුන්නා. ඔන්න එක පිරිමි ළමයෙක් ගැහැණු ළමයෙක් එක්ක යාළු වෙනවා. දැන් මේ පිරිමි ළමයා පොතක් බැලුවත් ඒ පොතේ මැවිලා පේන්නේ ඒ ගැහැණු ළමයාව. ඒ වගේ වෙන කෙනෙක් දැක්කත් එක පාරටම හිතෙන්නේ එයා කියලා. ඒ වගේ කටහඬක් ඇහුණත් රැවටෙනවා. මේ වගේ දකින දකින දේ තුළ මැවිලා පේන්නේම එයාව. දවසක් මේ පිරිමි ළමයා බලාගෙන ඉන්න කොට අර ගැහැණු ළමයා වෙන පිරිමි ළමයෙක් එක්ක යනවා. බුදුරජාණන් වහන්සේ වදාළා "පින්වත් මහණෙනි, එතකොට අර තරුණයාගේ හිතට මොන වගේ හැඟීමක්ද ඇති වෙන්නේ?" කියලා. භික්ෂූන් වහන්සේලා පිළිතුරු දෙනවා "ස්වාමීනී භාග්‍යවතුන් වහන්ස, ඒ තරුණයාගේ හිතට ඒ වගේ වෙලාවක නම් විශාල දුකක් ශෝකයක් කණගාටුවක් ඇතිවෙනවා."

බුදුරජාණන් වහන්සේ අහනවා "පින්වත් මහණෙනි, මොකද ඒ තරුණයට එයා ගැන දුකක් ශෝකයක්

කණගාටුවක් ඇතිවෙන්නේ?" "ස්වාමීනී භාග්‍යවතුන් වහන්ස, ඒ තරුණයා ඇයට ආදරෙයි. එයාව තමා ළඟම තියාගන්නයි ඕනේ. නමුත් ඒක කරගන්න බැහැ. අන්න ඒ නිසයි දුක ඇතිවෙන්නේ."

ජීවිතය පුරාම පවතින්නේ ඇල්මක් නිසා සකස්වුණ දුකක්...

ඉතින් මෙයා මොකද කළේ, ඒ ගෑණු ළමයාට ගිහින් අවවාද කළා. නමුත් ඇහුවේ නෑහැ. අන්තිමට මේ පිරිමි ළමයා කල්පනා කළා 'මම මේ කොහේවත් යන ගෑණු ළමයෙක් නිසා නේද දුක් විඳින්නේ. මේ ළමයා කෙරෙහි මගේ හිතේ ඇල්මක් තිබුණේ නැත්නම් මම දුක් විඳින්නේ නැහැනේ. මම දැන්ම එයා කෙරෙහි මගේ හිතේ තියෙන ඇල්ම අත්හැරලා දානවා' කියලා ඒ ඇල්ම අත්හැරියා.

බුදුරජාණන් වහන්සේ අහනවා "පින්වත් මහණෙනි, දැන් ඒ පිරිමි ළමයාට අර ගෑණු ළමයා වෙන කෙනෙක් එක්ක යනවා ආයෙත් දකින්න ලැබෙනවා. දැන් දුකක් හට ගන්නවාද?" "හටගන්නේ නැහැ" කිව්වා. "මොකද ඒ?" ඒ ළමයා කෙරෙහි තිබ්බ ඇල්ම නැතිවීම නිසයි. ඒ නිසා අපි හොඳට තේරුම් ගන්න ඕනේ 'අපේ ජීවිතය පුරාම පවතින්නේ ඇල්මක් නිසා සකස් වෙච්ච දුකක්' කියලා.

සාමාන්‍යයෙන් බැලූ බැල්මටම අපට මේ ඇල්ම කොයිතරම් භයානකද කියලා හොයන්න බැහැ. ඒ නිසා බොහෝ දෙනෙක් හිතාගෙන ඉන්නේ 'මට නම් ඔහොම වෙන්නේ නැහැ. මට ඕක සුළු දෙයක්. මම සුටුස් ගාලා අත්හැරලා දානවා' කියලයි. නමුත් දෙයක් අහිමි වෙලා බලන්න ඕනේ. අත්හරින මොහොත ළංවෙන්න ඕනේ. අන්න එතකොටයි අපට මේ ඇල්මේ තියෙන

භයානකකම තේරෙන්නේ. අපි මේ වගේ පණ්ඩිතකම් දොඩවන්නේ උඩින් පල්ලෙන් අපේ හිත දිහා බලලයි. "අයියෝ ඕක මොකක්ද? ඕක මම වෙලාවට අත්හැර ගන්නම්. ඔයා සද්ද නැතුව ඉන්න" කියලා පුරසාරම් දොඩවන අයට සමහර විට දෙයක් අත්හැර ගන්න සිද්ධ වෙනකොට සිහිය පවා විකල් වෙලා යනවා.

අත්හැරීම පුරුදු කිරීමමයි උතුම්...

මේකට හේතුව අපේ ජීවිතය තුළ අත්හැරීම පුරුදු නොකිරීමමයි. අපි කාලයක් තිස්සේ මේ කයත් එක්ක බැඳිලා ආශ්වාදයක් විඳින්න පුරුදු වෙලා තියෙනවා. මනසින් අරමුණු හිත හිතා ඒ තුළ ආශ්වාදයක් විඳින්න පුරුදු වෙලා තියෙනවා. මෙන්න මේ පුරුද්දකට අහුවෙච්ච ජීවිතය එකපාරටම අත්හැරගන්න බැහැ. අපේ හිතේ ස්වභාවය ඒකයි. වෙන මොකුත් ඕන නැහැ අපි ගමු ගහක්. ඔන්න අපි ගහක් හිටවලා ඒ ගහට පැළවෙන්න වුවමනා කරන පොහොර වතුර දානවා නම් ඒ ගහ ඉක්මනට හැදිලා එල බරවෙලා අස්වැන්න එනවා. අපට ඒ ගහ දිහා බලනකොට එකපාරටම හිතෙන්නේ 'ගහටත් පණ තියෙනවා වගේ' කියලා. නමුත් ගහේ තියෙන්නේ වතුර නැතිවෙච්ච ගමන් මැරිලා යන ස්වභාවයක්. මුල් කපපු ගමන් පොහොර නැතිවෙලා ගහ මැරිලා යනවා. හේතු නැතිවෙච්ච ගමන් අනිත්‍ය බවට පත්වෙලා යනවා.

මේ වගේ බාහිර දෙයක් සම්බන්ධයෙන්වත් අපට මේ අනිත්‍ය ස්වභාවය අවබෝධ කරගන්න බැරි නම් තමන් සම්බන්ධයෙන් තේරුම්ගන්න එක ලේසි නැහැ. ඊළඟට අපි ගත්තොත් අපේ මේ කය අනිත්‍ය ස්වභාවයට පත් වෙලා යන හැටි හොඳටම පේන්න තියෙනවා. නමුත් මේ

කය අනිත්‍ය දෙයක් කියලා අපට හිතෙන්නේ නැත්නම් අපි බොහෝ කාලයක් තිස්සේ ආශ්වාදයක් විඳින්න පුරුදු වෙච්ච මේ මායාකාරී විඤ්ඤාණය අනිත්‍ය දෙයක් කියලා තේරුම් ගන්න එක කොයිතරම් අමාරුද?

විඤ්ඤාණයේ මායාව...

ඔබ පොඩ්ඩක් ඔබේ හිත දිහා බලන්න. මේ විඤ්ඤාණය තුළින් කොයිතරම් මායාකාරී විදිහට අපට ආශ්වාදයක් විඳින්න සළස්වල දෙනවාද කියලා. ඔබ හිතෙන් කෑම හදලා කාලා නැද්ද? අපි ආශා කරන කෑම ජාති හිතෙන් හදලා කාලා තියෙනවා. සමහර විට අපි ආස කරන කෑමක් දැක්ක ගමන් කටට කෙළ එනවානේ. ඒ වෙලේ ඉඳන් අපි ඒ කෑම හිතෙන්ම හද හදා ගිලිනවා.

ඊළඟට අපි හිතෙන් මගුල් ගෙවල්වල යනවා. සාරි අඳිනවා. කොණ්ඩ මෝස්තර දානවා. හිතෙන්ම තමන් කැමති කැමති අය එක්ක විවාහ වෙනවා. වාහන ගන්නවා. ගෙවල් හදනවා. හිතෙන් දරුවෝ හුරතල් කරනවා. බල්ලෝ හදනවා. මේ විදිහට හිත මුල් කරගෙන අපි කොයිතරම් ආශ්වාදයක් විඳිනවාද? හොඳට බලන්න ඔබ තනිවෙච්ච වෙලාවට මොකද කරලා තියෙන්නේ කියලා. අපි හිතින් එක එක්කෙනාව මවාගෙන පෙම් කරනවා. හිතින්ම රණ්ඩු කරනවා. හිතින්ම බණිනවා. මේ ඔක්කොම සිද්ධ වෙලා තියෙන්නේ මායාකාරී විඤ්ඤාණය තුළයි. ඒ තුළ ආශ්වාදයක් තියෙන නිසා අපි එයට වසඟ වෙලා ඒ තුළින් ආශ්වාදයක් විඳින්න පුරුදු වුණා. හිත තුළ තියෙන ආශ්වාදය විඳින්න පුරුදු වෙච්ච අනිත්‍ය ස්වභාවය අපි දකින්න ඕනේ. ඒක අමාරු දෙයක්. දැන් බලන්න මේ කය කෙරෙහි යථාර්ථය දකින්න අමාරු නම් මේ මායාකාරී විඤ්ඤාණයේ යථාර්ථය දකින්න කොයිතරම් නම් සියුම්

කල්පනාවක් තියෙන්න ඕනෙද? දැන් ඔබම කල්පනා කරලා බලන්න. ඔබ යම්කිසි දෙයක් සිතින් මවාගන්නවා නම් ඒ හිතින් මවාගත්ත දේ තුළ ඔබ ජීවත් වෙනකොට ඔබට ඒක ඇත්තක්ම වගේ හිතෙනවනේ.

කල්පනාව යන දුර...

ඉස්සර අනුරාධපුරයේ සිද්ධ වෙච්ච එක සිද්ධියක් තියෙනවා. එක පොඩි ස්වාමීන් වහන්සේ නමක් ලොකු හාමුදුරුවන්ට දෙන්න කියලා සිවුරක් අරගෙන ආවා. මේ සිවුර පූජා කළාට ලොකු හාමුදුරුවෝ ඒක බාර ගත්තේ නැහැ. "පොඩිනම මට ඇතිතරම් සිවුරු තියෙනවා" කියලා ඒක පැත්තකට දැම්මා. පොඩි හාමුදුරුවන්ට හිතේ කලකිරීමක් ඇතිවුණා "අනේ! මම දීපු සිවුර භාරගත්තේ නැහැ" කියලා. මේක දැනගත්තු ලොකු හාමුදුරුවෝ "පොඩි නම, මට ටිකක් පවන් සලන්න" කියලා කිව්වා.

ඉතින් පොඩි හාමුදුරුවෝ වටඅත්ත අරගෙන පවන් ගහන ගමන් කල්පනා කරනවා "මම කොච්චර ශ්‍රද්ධාවෙන්ද මේක අරගෙන ආවේ. ඒත් භාරගත්තේ නැහැ. මම ගෙදර යනවා ගිහිල්ලා ගොවිතැන් කරනවා. (දැන් බලන්න කල්පනාව යන දුර) මම වගාකරලා අස්වැන්න එනකොට හොඳ තැනක් බලලා පෙළවහක් කරගන්නවා. ඊට පස්සේ ඉතින් අපට පොඩි දරුවෙක් එහෙම ලැබුණහම හාමිනෙත් එක්ක කැවුම් එහෙම හදාගෙන ලොකු හාමුදුරුවන්ව බලන්න එනවා. ඒ එනකොට බැරිවෙලාවත් හාමිනේ අතින් පොඩි එකාව බිම වැටුණොත්... 'දෙනවා දෙකක්' කියලා වටාපතින් ලොකු හාමුදුරුවන්ගේ ඔළුවට ගැහුවා.

ලොකු හාමුදුරුවෝ ඇහුවා "ආ! පොඩිනම, ඔය ගැහුවේ හාමිනේටද මටද?" කියලා. අන්න එතකොටයි

සිහිය ඉපදුණේ. ඒ ලොකු හාමුදුරුවන්ට අනුන්ගේ හිත් කියවන්න පුළුවන්කම තිබුණා. ඒ වෙලාවේ ලොකු හාමුදුරුවෝ හිතේ ස්වභාවය තේරුම් කරලා විඤ්ඤාණයට මුළා නොවී සිහිය පිහිටුවා ගන්නා හැටි පොඩි හාමුදුරුවන්ට කියල දුන්නා.

දැන් ඔබ කල්පනා කරලා බලන්න අපටත් ඔය වගේ දේවල් වෙන්නේ නැද්ද කියලා. අපට තනියම හිනායන අවස්ථා නැද්ද? හිතේ මවාගෙන ඒ ගැනම තනියෙන් හිත හිත සතුටුවෙවී ඉන්නැද්දි එක පාරටම "බකස්" ගාලා හිනායනවා. තනියම කේන්ති යන අවස්ථාවල්, තනියම ඇස්වලට කඳුළු එන අවස්ථාවල් අපේ ජීවිතයේ ඇති වෙනවා. එතකොට මේ ඔක්කොම මවලා දීලා අපව අතරමං කරවන්නේ මේ මායාකාරී විඤ්ඤාණය විසින් නේද?

අවිද්‍යාවේ බලවත්කම...

මේ විදිහට ආශ්වාදයක් විඳින්න පුරුදු වෙච්ච හිතක් තමයි සිහිය පිහිටුවලා යථාර්ථය අවබෝධ කරගෙන දුකින් නිදහස් වෙන්න පාවිච්චි කරන්න තියෙන්නේ. ඒකයි බුදුරජාණන් වහන්සේ වදාළේ මේ ධර්ම මාර්ගය දියුණු කරගැනීම සඳහා සතිපට්ඨානය දියුණු කරන්න කියලා. බුදුරජාණන් වහන්සේ දේශනා කළා ආශ්වාදයක් විඳින්න පුරුදු වෙච්ච මේ ශරීරය වෙන් වෙන් වශයෙන් බලන්න කියලා. මේ කෙස්, මේ ලොම්, මේ නියපොතු, මේ දත්, මේ සම... ආදී වශයෙන් ශරීරයේ කොටස් වෙන් වෙන් වශයෙන් ඒවායේ ඇත්තම ස්වභාවය බලන්න කියලා. බොහෝ කාලයක් තිස්සේ අපි මේවායින් ආශ්වාදයක් විඳින්න පුරුදු වෙලා හිටියා. ඒ නිසා අපි නුවණින් විමස

විමසා මේවායේ යථාර්ථය තේරුම් ගන්න මහන්සි ගත්තට, අපි හිතන තරම් වේගයෙන් අවබෝධය කරා යන්නේ නැහැ. ඒකට හේතුව බොහෝ කාලයක් තිස්සේ අපි පුරුදු කරලා තියෙන්නේ මේ කයේ ආශ්වාදයක් විඳින්නයි. අවිද්‍යාවේ තියෙන බලවත්කම නිසා තමයි අපි හිතන තරම් වේගයෙන් අවබෝධය කරා යන්නේ නැත්තේ.

සිහිය උපදවා ගැනීම පිණිස...

බුදුරජාණන් වහන්සේ මේ ශරීරය දිහා බලන හැටි එක එක ක්‍රම වලින් පෙන්වලා දෙනවා. ධාතු වශයෙන්, ආයතන වශයෙන්, ඒ වගේම ශරීරයේ ඉරියව් දිහා සිහිය පිහිටුවා ගෙන සිහියෙන් බලන්න, ඒ වගේම මළකුණක් පොළොවට පස්වෙලා යද්දි සිද්ධ වෙන ක්‍රියාවලිය තමන්ගේ ශරීරයට ගලපමින් 'මේ ශරීරයටත් මේ වගේ ස්වභාවයක් උරුමයි නේද?' කියලා නුවණින් විමසලා බලන්න ආදී නොයෙක් ක්‍රම පෙන්වා දුන්නා.

ඒ විතරක් නෙවෙයි විඳින දේවල් කෙරෙහි සිහිය පිහිටුවාගෙන බලන්න කිව්වා. ආශ්වාස ප්‍රශ්වාසවල ක්‍රියාකාරීත්වය පවා හොඳ සිහියෙන් බලන්න කිව්වා. මේ විදිහට නොයෙක් ආකාරයට මේ ශරීරයේ ක්‍රියාකාරීත්වය සිද්ධ වෙන හැටි නුවණින් විමස විමසා බලද්දී ඊට අනුරූපව හිතේ ස්වභාවය හැදි හැදී යන ආකාරය අපට තේරුම් ගන්න පුළුවන්. මේක කරන්න ලොකු වීරියක් අවශ්‍ය වෙනවා. මේක වීරියෙන් යුතුව සිහිය පිහිටුවලා නුවණින් විමස විමසා තමයි බලන්න තියෙන්නේ. මෙහෙම බලද්දි හිතේ විසිරෙන ගතිය නැතිවෙලා ඒ තුළ හිත පිහිටන්න පටන් ගන්නවා. අන්න එතකොට අර හිතින් මවාගෙන වින්දනයක් විඳින ගතිය වෙනස් වෙලා යනවා. ඒ සඳහා තමයි අපි සමාධියක් දියුණු කරන්නේ.

මාන්නය හරිම භයානකයි...

බලන්න මේ හිතේ ස්වභාවය. සමාධියක් දියුණු කළත් හිතේ ස්වභාවය හඳුනාගත්ත නැති කෙනා සමාධියට පවා අහුවෙන්න පුළුවන්. අපි හිතමු ඔන්න කෙනෙක් සීලයක පිහිටලා සිල්වත් වෙනවා. නමුත් සමාජය තුළ අනිත් අය එහෙම නැහැ. එතකොට එයා හිතින් තමාට ලකුණු දාගන්නවා. අපි හිතමු මෙයා භාවනා කරලා සමාධියක් ඇතිකර ගත්තා කියලා. ඊළඟට එයා හිතනවා 'හරි. මම තමයි සිල්වත්. මම තමයි භාවනා කරන්නේ. මගේ හිත නම් දැන් එකඟ වෙනවා. මම මෙහෙම හිටියට ශ්‍රේෂ්ඨ කෙනෙක්. අනික් අයට ඔය මොකවත් නැහැ' කියලා. දැන් මෙයා දන්නෙත් නැහැ ගුණධර්ම දියුණු කරන ගමන් මෙයාට වැඩිලා තියෙන්නේ මාන්නය කියලා. මෙයා මේ මාන්නය තුළ ඉඳගෙන අනික් අයට වඩා ශ්‍රේෂ්ඨ කෙනෙක් වෙන්න හිතාගෙන භාවනා කරනවා.

සියුම් ලෙස හසුවන විඤ්ඤාණයේ මායාව

මෙයාගේ හිතේ අපේක්ෂාවක් තියෙනවා 'ශ්‍රේෂ්ඨ උදවියට දෙවියන් බඹුන් පවා වන්දනා කරනවා' කියලා. දැන් මෙයාගේ හිතේ මැවෙනවා දෙවි කෙනෙක්. ඊළඟට මෙයා භාවනා කරද්දි හිතේ මැව්ච්ච දෙවියා ඉස්සරහට ඇවිල්ලා මෙයාට වඳිනවා. මෙයා ඒකට වසඟ වෙලා බලාගෙන ඉන්නවා. බලන්න මේ විඤ්ඤාණයේ මායාවට කොයිතරම් සියුම් ලෙස අපි අහුවෙනවාද කියලා. අපි හිතමු මෙයාගේ හිතේ තිබුණා කතරගම දෙවියෝ ගැන. මෙයාට වඳිද්දී මෙයා අහනවා "දෙවිය ඔබේ නම මොකක්ද?" දෙවියා කියනවා "මම තමයි කතරගම දිව්‍ය රාජයා" කියලා. කියපු ගමන් මෙයා ඒකට රැවටෙනවා.

සිතේ මායාවට හසුවෙන්න එපා...

එක උපාසිකාවක් භාවනා කරද්දී මේ වගේම දෙයක් වුණා. ඒ උපාසිකාව භාවනා කරන කොට නිල් පාටට විෂ්ණු දෙවියෝ මල් මාලාවක් අරගෙන එනවාලු. ඇවිල්ලා මෙයාගේ බෙල්ලට මල් මාලාව දාල වැන්දලු. බලන්න මේ විඤ්ඤාණය අපිව රවට්ටන හැටි. හිතේ තියෙන මාන්නයට මේක ගැලපිලා යනවා. සිතේ ස්වභාවය අඳුනගත්ත නැති කෙනෙකුට 'මේක විඤ්ඤාණය විසින් මවලා දෙන දෙයක්' කියලා තේරුම් ගන්න බැහැ. එයා මේකට රැවටෙනවා. අපි අවබෝධ කරගන්න ඕනේ 'මේ විඤ්ඤාණය කියන්නේ මායාවක්' කියලා. සිහිය පිහිටුවලයි ඒක කරන්න තියෙන්නේ. හිතේ ස්වභාවය හඳුනගන්නේ නැතුව පොඩ්ඩක් භාවනා කරලා රැවටිච්ච අය මට හම්බවෙලා තියෙනවා. මාන්නයෙන් ඉන්න කොට කණාමැදිරි එළියක් කොහෙන් හරි පැත්තකින් ගියත් මෙයා හිතන්නේ "අන්න දිව්‍ය රාජයෙක් ගමන් කළා. නිතරම දෙවිවරු ඇවිල්ලා මට වැඳුම් පිදුම් කරලා යනවා" කියලයි.

බුදුරජාණන් වහන්සේ වදාළේ මේ විඤ්ඤාණය මායාකාරී එකක්. ඒ නිසා මනසට අරමුණක් ආව ගමන් 'මේ මනස අනිත්‍යයි. අරමුණත් අනිත්‍යයි. විඤ්ඤාණයත් අනිත්‍යයි' කියලා අනිත්‍ය වශයෙන් සිහිකරන්න කිව්වා.

දුකේ හටගැනීම - නැතිවීම...

එතකොට අපට පැහැදිලිව පේනවා ධර්ම මාර්ගයේ ගමන් කරද්දි මේ වගේ දේවල් වලට රැවටිලා ඒවා පස්සෙන් යන්න හදන හැටි. අපේ අදහස තියෙන්න ඕනේ 'මම දුක අවබෝධ කරනවා. මම දුකට හේතුව

ප්‍රහාණය කරනවා. මම දුකෙන් නිදහස්වීම සාක්ෂාත් කර ගන්නවා. මම ආර්ය අෂ්ටාංගික මාර්ගය ප්‍රගුණ කරනවා' කියලයි. චතුරාර්ය සත්‍යය අවබෝධ කරගන්න එකමයි අපේ ඔළුවේ වැඩකරන්න ඕනේ. බුදුරජාණන් වහන්සේගේ ධර්මය නුවණින් විමසලා කල්පනා කරන කෙනෙකුට නම් හිතන්න පුළුවන් 'මේ දුක හටගන්නේ අපි ඇලුම් කරන නිසයි. අපි ඇලුම් කරන්නේ අලුම් කරන දේ ගැන අවබෝධයක් නැති නිසයි. ඇලුම් කරන දේ ගැන අවබෝධ වුණා නම් දුකක් හටගන්නේ නැහැනේ' කියලා.

ලෝකයේ තියෙන ලස්සනම ඇඳුම...

බුදුරජාණන් වහන්සේ වදාළා මේක හරියට අන්ධයෙකුගේ ඇඳුමක් වගේ කියලා. ඔන්න ඇස් දෙකම පේන්නේ නැති අන්ධයෙක් ඉන්නවා. මේ මනුස්සයා කල්පනා කරනවා 'මට ලෝකයේ තියෙන ලස්සනම ඇඳුම අඳින්න ඕනේ' කියලා. ඊට පස්සේ එයා ඒ ඇඳුම හොය ගෙන යනවා. ගිහිල්ලා යාළුවන්ට ඒ ගැන කියනවා. ඉතින් අර යාළුවොත් එහෙන් මෙහෙන් රැලි එල්ලෙන දැලි කුණු තැවරුණු කැතම කැත ඇඳුමක් මෙයාට අන්දනවා. දැන් මෙයාට හරිම සතුටුයි. මොකද "මම දැන් ඇඳලා ඉන්නේ ලෝකේ තියෙන ලස්සනම ඇඳුම" කියලා. නමුත් මෙයා සතුටු වෙන්නේ ඇස් නොපෙනෙන නිසයි. මෙයා හැරමිටි ගහගෙන හැම තැනම යනවා. ගිහින් හමුවෙන හැමෝටම කියනවා "බලාපල්ලා මගේ ඇඳුමේ ලස්සන. මේක වටිනාම එකක්" කියලා. එහෙම කියලා ගියාම මිනිස්සු අර ඇස් පේන්නේ නැති මනුස්සයට "අනේ මෝඩයා" කියලා හිනාවෙනවා.

අත්හරින්නේ යථාර්ථය දැක්ක දවසටයි...

කරුණාවන්ත වෛද්‍යවරයෙක් මේක දැකලා මෙයාව එක්කරගෙන ගිහිල්ලා ඇස්වලට වෙදකම් කළා. ඇස් දෙක සනීප වෙච්ච ගමන්ම මෙයා බැලුවේ අර ඇඳුම දිහා. බලන කොට මෙයා හිතාගෙන හිටිය අර ලස්සන ඇඳුම නෙමෙයි තියෙන්නේ. එහෙන් මෙහෙන් රැලි එල්ලෙන කුණු තැවරුණු කැතම කැත ඇඳුමක්. ඊට පස්සේ මෙයා ඒ ඇඳුම ගලවලා වීසි කළා. බුදුරජාණන් වහන්සේ වදාළා "අන්න ඒ වගේ මේ ඇස, කන, නාසය, දිව, කය, මනස කෙරෙහි යථාර්ථය දැක්කට පස්සේ අපි මේ කෙරෙහි තියෙන ඇල්ම අත්හැරලා දානවා" කියලා.

දැන් ඔබ කල්පනා කරලා බලන්න. මේ ඇසට මොකක් හරි වුණොත් අපට දුකක් හටගන්නවා. ඒකට හේතුව ඇසට තියෙන ඇලීම. අපේ මේ කනට මොකක් හරි වුණොත් අපට දුකක් හටගන්නවා. ඒකට හේතුව කනට තියෙන ඇලීම. මේ නාසයට මොකක් හරි වුණොත් අපට දුකක් හටගන්නවා. ඒකට හේතුව නාසයට තියෙන ඇලීම. ඒ වගේම අපේ දිවට මොකක් හරි වුණොත් අපට දුකක් හටගන්නවා. ඒකට හේතුවත් දිවට තියෙන ඇලීම. අපේ මේ කයට මොකක් හරි වුණොත් අපට දුකක් හට ගන්නේත් කයට තියෙන ඇලීම නිසයි. අපේ මනසට මොකක් හරි වුණොත් දුකක් හටගන්නේත් මනසට තියෙන ඇලීම නිසයි. අපි බොහෝ කාලයක් තිස්සේ මේ ආයතන හය පරිහරණය කරලා තියෙන්නේ මේවාට ඇලිලයි.

අනිත්‍ය නිසයි මේ දුක...

බුදුරජාණන් වහන්සේ වදාළා මේවායේ ඇත්තම ස්වභාවය විමසා විමසා බලන්න කියලා. එහෙම විමස

විමසා බලද්දි එයාට දකින්න ලැබෙන්නේ අනිත්‍යය විතරයි. එතකොට එයාට තේරුම් යනවා අනිත්‍ය නිසයි මේ දුක. අනිත්‍ය නිසාම මේවා මම කැමති විදිහට මගේ වසඟයේ පවත්වන්න බැහැ කියලා. මෙන්න මේ ස්වභාවය අවබෝධ කරගත්තොත් දුකට මුල් වෙච්ච ඡන්දරාගය නැතිවෙලා යනවා.

ඒකයි බුදුරජාණන් වහන්සේ වදාළා යථාභූත ඤාණ දර්ශනය ඇතිකර ගත්තොත් අවබෝධයෙන් යුතු කලකිරීම ඇතිවෙනවා. **(නිබ්බින්දති)** කලකිරීම ඇතිවුණාම ඒකට ඇලෙන්නේ නැතුව යනවා. **(නිබ්බින්දං විරජ්ජති)** ඇලෙන්නේ නැතිවුණාම ඒකෙන් නිදහස් වෙනවා. **(විරාගා විමුච්චති)** මෙන්න මේ විදිහටයි දුකින් නිදහස් වෙන්න තියෙන්නේ.

පින්වතුනි, අපි කවදාහරි ජීවිතයේ යථාර්ථය දකිනකල්ම මේ දුක ආශාවෙන් වැළඳගෙන ඉන්නවා "අනේ මට නම් දුකක් එපා. මට නම් මේ ආශාව නැතිකර ගන්නයි ඕන වෙලා තියෙන්නේ" කියලා. එහෙම කිව්වට එහෙම නැතිවෙන්නේ නැහැ. දුකෙන් නිදහස් වෙන්න නම් ආර්ය අෂ්ටාංගික මාර්ගය අනුගමනය කරන්න ඕනේ.

මේක තමන්ගේ වගකීමක්...

බුදුරජාණන් වහන්සේගේ ධර්මය තුළ ගොඩාක්ම පෙන්වා දීලා තියෙන්නේ වීරිය ගැනයි. වීරිය කරන්න තියෙන්නේ අකුසල් වලින් මිදී කුසල් දියුණුකර ගන්නයි. ඒ වගේම වීරිය කරන්න ඕනේ සිත දමනය කරන්නයි. වීරිය කරන්න ඕනේ ජීවිතය අවබෝධ කරගන්නයි. වීරියෙන් යුතු කෙනා තමයි මේ ධර්ම මාර්ගයේ දියුණුවක් කරා යන්නේ. **(විරියේන දුක්ඛං අච්චේති)** වීරිය නිකම් තිබිලා බැහැ.

වීරියත් එක්කම අවස්ථාවෝචිත ප්‍රඥාවත් වුවමනා කරනවා. ඒ කියන්නේ අකුසල් එනකොට හොඳ සිහියෙන් ඉඳලා ඒ අකුසලය ප්‍රහාණය කරන්න දක්ෂතාවයක් තියෙන්න ඕනේ. මේ වෙලාවට කරන්න ඕනේ මේකයි කියලා හොඳ සිහියෙන් යුක්තව තීරණගන්න පුළුවන් වෙන්න ඕනේ. වීරියෙන්, නුවණින් යුක්තව සිහිය දියුණු කරන කෙනා තමයි සතර සතිපට්ඨානය දියුණු කරලා සීල, සමාධි, ප්‍රඥා දියුණු කරගෙන ධර්මාවබෝධය කරා යන්නේ. පින්වතුනි මේක තමන්ගේ වගකීමක්. කිසි දවසක ඉබේ සිදුවෙන කල් බලා ඉන්න එපා!

අවිද්‍යාව යම් තැනකද එතැන මිථ්‍යා දෘෂ්ටිය ඇත...

අපේ ශරීරය තුළ මේ මොහොතෙත් පටිච්ච සමුප්පාද ක්‍රියාවලිය සිද්ධවෙමිනුයි තියෙන්නේ. ඒකත් එක්කම මේ ඇතුළේ තියෙනවා තනිකරම මිථ්‍යා මාර්ගයක්. අවිද්‍යාව යම් තැනක තියෙනවා නම් එතැන තියෙන්නේ මිථ්‍යා දෘෂ්ටියයි. මිථ්‍යා දෘෂ්ටිය යම් තැනක තියෙනවා නම් එතැන මිථ්‍යා සංකප්ප තියෙනවා. ඒ වගේම මිථ්‍යා වාචා, මිථ්‍යා කම්මන්ත, මිථ්‍යා ආජීව, මිථ්‍යා වායාම, මිථ්‍යා සති, මිථ්‍යා සමාධි තියෙනවා. අපි ඇබ්බැහි වෙලා ඉන්නේ මේ මිථ්‍යා මාර්ගයටයි. ඒ නිසා මේ මිථ්‍යා මාර්ගයෙන් නිදහස් වෙන එක තමන් විසින්ම හිතාමතා සැලසුම් කරගෙන උත්සාහය වීරිය නුවණ යොදවලා කරන්න ඕනේ.

සොතාපන්න වීමේ වැදගත්කම...

අපි හිතමු මේ ජීවිතයේදී කෙනෙකුට සෝවාන් වෙන්න ලැබුණා කියලා. ඒක මේ මහා සංසාරීය

ජයගන්නවාටත් වඩා ශ්‍රේෂ්ඨ එකක්. බුදුරජාණන් වහන්සේගේ ධර්මයේ සඳහන් වෙනවා "මුළු මහත් පෘථිවියටම අධිපති වෙනවාටත් වඩා, එක පියවරකින් ස්වර්ගයට යනවාටත් වඩා, සියලු ලෝකයටම අධිපති වෙනවාටත් වඩා සෝතාපත්ති ඵලය ශ්‍රේෂ්ඨයි" කියලා.

ඒ නිසා පින්වතුනි, 'මේ ජීවිතය තුළ ධර්මය අවබෝධ කරන්න ඕනේ. සෝතාපන්න වෙන්න ඕනේ' කියන අදහස පවා කෙනෙකුට ඇතිවෙන්නේ ඉතාමත් කලාතුරකින්. සාමාන්‍යයෙන් බොහෝ දෙනෙක් ශ්‍රද්ධාවන්තයන් වශයෙන් පෙනී හිටියට අවංකවම ඔවුන් තිසරණය හඳුනාගෙන නැහැ. ඒ නිසා තමයි කවුරුහරි තිසරණයට බනින කොට ඒකට එකතුවෙලා බනින්න ලෑස්ති වෙලා ඉන්නේ. ශ්‍රද්ධාව කියන එක අපි තුළ තියෙන්න ඕනේ මලක් පහනක් පූජා කරන වෙලාවට විතරක් නෙවෙයි. පන්සලකට ගියපු වෙලාවකට විතරක් නෙවෙයි. ඒ ශ්‍රද්ධාව දවසේ පැය විසි හතර පුරාම අපේ හිත තුළ නොසෙල්වී තියෙන එකක් වෙන්න ඕනේ. එහෙම නැත්නම් අපේ ශ්‍රද්ධාවත් හරියට අර හකුරු හදන මිනිහගේ කතාව වගේ වෙනවා.

කියනකොට එහෙමයි - කරනකොට මෙහෙමයි...

ඔබ අහලා ඇති මේ කතාව. දවසක් එක රජ කෙනෙක් රජ මාළිගාවට හකුරු හදන මනුස්සයගෙන් මෙහෙම ඇහුවා "ඔබ හදන හකුරු හරිම රසයි. කොහොම ද මේවා මේච්චර රසට හදන්නේ?" කියලා. ඒ මනුස්සයා කියනවා "රජතුමනි, මම මේ හකුරු හදන්නේ රත්තරන් භාජනයක දාලා, රත්තරන් හැන්දකින් කාල් ගගා, රිදී ගල්

තුනක් උඩ තියලා, සුදු හඳුන් දර දාලා, උඩට උඩුවියන් බැඳලා, කටට මුඛවාඩම් බැඳගෙනයි."

රජතුමා "ආ! බොහොම හොඳයි" කියලා 'මේ මිනිහා කියපු කතාව ඇත්තක්ද' කියලා බලන්න ඕනේ කියලා දවසක් හකුරු හදන මිනිහගේ ගෙදරට ගියා. යනකොට මේ මනුස්සයා කසිකබල් පැල්පතක් ඇතුළේ කබල් වළඳක දාලා, දාඩිය පෙරාගෙන කාල්ගගා හකුරු හදනවා. රජතුමා "ඈ මිනිහෝ උඹ එදා කිව්වේ කොහොමද, දැන් මේ කරන්නේ කොහොමද?" කියලා ඇහුවා. "රජතුමනි, කියන කොට එහෙම තමයි. ඒත් කරන කොට මෙහෙමයි" කිව්වා. අපට අන්න ඒ ජාතියේ ශ්‍රද්ධාවක් තිබිල වැඩක් නැහැ.

ශ්‍රද්ධාව ඉන්ද්‍රියක් ලෙසට දියුණු කරගන්න...

පින්වතුනි, අප තුළ අවබෝධයෙන් යුතු අවංක ශ්‍රද්ධාවක් තිබුණොත් කිසිදෙයකට භයවෙන්න දෙයක් නෑ. ඒ ශ්‍රද්ධාව විසින් අපව ආරක්ෂා කරගන්නවා. ඒ ශ්‍රද්ධාව විසින් අපව රැකගන්නවා. අපේ ගුණධර්ම ආරක්ෂා කරලා අපව ධර්මය කරා රැගෙන යනවා. අපට වීරිය ඇතිකරලා දෙනවා. මිථ්‍යා දෘෂ්ටියෙන් මුදවලා සම්මා දිට්ඨිය ඇති කරලා දෙනවා. ඒ නිසා මේ ශ්‍රද්ධාව කියන්නේ පුංචි දෙයක් නෙවෙයි. ඇස, කන, නාසය වගේ ශ්‍රද්ධාවත් ඉන්ද්‍රියයක් හැටියට පිහිටුවා ගන්න ඕනේ.

ශ්‍රද්ධාවන්ත කෙනා නිතරම සිහිකරල බලනවා "මම හරි මාර්ගයේ ඉන්න කෙනෙක්ද? මගේ ශ්‍රද්ධාව එන්න එන්න දියුණු වෙනවාද, නැද්ද?" කියලා. බැරිවෙලාවත් එයාගේ හිතට අකුසලයක් සිහිවුණොත් "මම වගේ ශ්‍රද්ධාවන්ත කෙනෙක් මෙහෙම හිතන්න හොඳ නැහැ"

කියලා ඉක්මනට කුසලයේ හිත පිහිටුවා ගන්නවා. ශ්‍රද්ධාවන්ත කෙනා බුදුරජාණන් වහන්සේගේ ධර්මය අවබෝධ කරගන්නමයි කල්පනා කරන්නේ. කවුරු හරි ධර්මයට බණින කොට "ආ ඇත්ත නේන්නම්" කියලා හූ මිටි තියන්න යන්නේ නැහැ. මුලු ලෝකයම එක පැත්තක් ගත්තත් ශ්‍රද්ධාවන්ත කෙනා තනියම හරි ධර්ම මාර්ගය තුළ රැඳිලා ඉන්නවා.

උතුම් තිසරණය අත්හරින්නේ කොහොමද...?

මේ ළඟදී දවසක හරිම කණගාටුදායක සිදුවීමක් සිදුවුණා. එක අම්මා කෙනෙක් මා ළඟට ඇවිල්ලා අඬන්න වැළපෙන්න ගත්තා. මම ඇහුවා "ඇයි අම්මේ?" කියලා. "අනේ ස්වාමීන් වහන්ස, මට ළමයි පස් දෙනෙක් ඉන්නවා. පස් දෙනාම දූන් මූලධර්මවාදී ආගමකට ගිහින්. ලොකු පුතා පොල්ලක් අරගෙන ඇවිල්ලා අත ඇරපිය බුදු දහම කියලා මට හොඳටම ගැහුවා" කිව්වා. බලන්න මේ ගහන්නේ අම්මටයි. ඒ අම්මා කියනවා "අනේ ස්වාමීන් වහන්ස, මම දහ වතාවක් විතර භාවනා වැඩසටහන් වලට ආව කෙනෙක්. මම කොහොමද මේ උතුම් තිසරණය අතහරින්නේ" කියලා. ඔන්න බලන්න අසල්වැසියන්ට ප්‍රේම කරන්න කියලා උගන්වන ආගම්වල හැටි. අර හකුරු හදන මිනිහගේ කතාව වගේ තමයි ඒවායේ කතාව. මම ඉතින් කිව්වා "අම්මා ද්වේෂය ඇතිකර ගන්නේ නැතුව ඒ දරුවන්ට හොඳට මෛත්‍රී කරන්න. තිසරණය නම් අත්හරින්න එපා. සුගතියේ යන්න තියෙන මාර්ගය ඔච්චරයි" කියලා. මට වෙන කරන්න දෙයක් නැහැ. මම ඒ වෙලාවේ මම ළඟ තිබුණු පිරිත් නූලක් ඒ අම්මට දුන්නා.

ඒ අම්මා අන්තිමට කිව්වා "ස්වාමීන් වහන්ස, මාව මැරුවත් මම නම් මේ තිසරණය අත්හරින්නේ නැහැ" කියලා. අන්න ඒකයි ශ්‍රද්ධාව කියන්නේ.

කර්ම කර්මඵල විශ්වාස නොකිරීමේ විපාක...

තමන්ගේ ලේ කිරි කරලා පොවපු දරුවෝ පින්පව් අදහන්නේ නැති මිථ්‍යා දෘෂ්ටියක් වැළඳගෙන අම්මාට පොල්ලකින් තඩිබානවා, "බුදු දහම අතහැරපිය" කියලා. බලන්න කර්ම කර්මඵල විශ්වාසය නැතිවුණහම කොයිතරම් පව් කර ගන්නවාද කියලා.

බුදුරජාණන් වහන්සේ කෙරෙහි අපේ හිතේ තියෙන පැහැදීම පැය විසිහතර පුරාම තියෙන්න ඕනේ. ඊළඟට බුදුරජාණන් වහන්සේ වදාළ ධර්මය කෙරෙහිත් පැය විසි හතර පුරාම පැහැදීම තියෙන්න ඕනේ. ධර්මය කෙරෙහි පහදින කෙනා නැකැත් ගැන පහදින්නේ නැහැ. නිමිති ගැන පහදින්නේ නැහැ. මහ උජාරුවට නැකැත් කරන උදවිය ගැන පොඩ්ඩක් හිතලා බලන්න. මෙච්චර කාලයක් නැකැතට නෑවා, නැකැතට කිරි ඉතිරෙව්වා, නැකැතට ලිප මෙලෙව්වා, නැකැතට කෑවා, නැකැතට වැඩ ඇල්ලුවා මොකක්ද ලැබිච්ච දේ? එහෙම කල්පනා කරලා බලන කොට තමයි මොළේ පෑදෙන්නේ. ඒ කාලය තුළ බුදුරජාණන් වහන්සේගේ ධර්මය පුරුදු කළා නම් එයා සීලයෙන් දියුණු වෙනවා. ගුණවත්කමින් දියුණු වෙනවා. දහම් දැනුමෙන් දියුණු වෙනවා. මිථ්‍යා ඇදහිලි පසුපස නොගොස් ධර්මය කරා යනවා. අන්න ඒකයි මේකේ තියෙන වටිනාකම.

අනෙක තමයි බුදුරජාණන් වහන්සේගේ ධර්මය සරණ යන කෙනා අගය කරන්නේ නැකැත නෙමෙයි, ක්‍රියාවයි. ඒ නිසා තමයි බුදුරජාණන් වහන්සේගේ ධර්මයේ සඳහන් වෙන්නේ "යම්කිසි කෙනෙක් යම් උදෑසනක පිනක් රැස්කරනවා නම්, සීලාදී ගුණධර්ම දියුණු කරනවා නම් අන්න ඒ උදෑසන එයාට 'සුභ උදෑසනක්' කියලා. 'ඒක තමයි සුභ මුහුර්තිය. ඒක තමයි සුභ මොහොත' කියලා. ඒ නිසා මේ ලැබිලා තියෙන දුර්ලභ මනුෂ්‍ය ජීවිතය තුළ අපේ ජීවිත සුවපත් කරන්න උපකාර වන බුදුරජාණන් වහන්සේගේ ධර්මය හොඳට ඉගෙනගෙන, ඒ ධර්මය කෙරෙහි ශ්‍රද්ධාව පිහිටුවා ගෙන මේ ගෞතම බුද්ධ ශාසනය තුළදීම චතුරාර්ය සත්‍ය ධර්මය අවබෝධ කරගන්නවා කියලා අධිෂ්ඨානයක් ඇතිකර ගන්න.

සාදු! සාදු!! සාදු!!!

❀ ❀ ❀

නමෝ තස්ස භගවතෝ අරහතෝ සම්මාසම්බුද්ධස්ස
ඒ භාග්‍යවත් අරහත් සම්මා සම්බුදුරජාණන් වහන්සේට නමස්කාර වේවා!

03.

කරජකාය සූත්‍රය

(අංගුත්තර නිකාය 6 - කරජකාය වර්ගය)

ශ්‍රද්ධාවන්ත පින්වත්නි,

අපි අද ඉගෙන ගන්නේ අංගුත්තර නිකායේ දහවෙනි නිපාතයට අයිති දේශනාවක්. මේ දේශනාවේ නම **'කරජකාය සූත්‍රය.'** **'කරජකාය'** කියලා කියන්නේ ශරීරයට කියන නමක්. මව්පියන් නිසා හටගත්, ආහාර පානයන් ගෙන් පෝෂණය වන, ඉලීම්, පිරිමැදීම්, සේදීම්වලින් නඩත්තු වන මේ ශරීරයට කියන නමක්.

මේ ශරීරය ලැබුණට පස්සේ අපි ජීවිත පැවැත්ම සම්පූර්ණයෙන්ම ගොඩනගා ගන්නේ මේ ශරීරය වටා. අපි නම් ගම් දාගෙන තියෙන්නෙත්, ආභරණ ආයිත්තම් පළන්දන්නෙත්, කෑම බීම ලබා දෙන්නෙත්, ඇඳුම් පැළඳුම් අන්දවන්නේත්, සැරසිලි ආදිය කරන්නෙත්, මාන සම්මාන දක්වන්නේත් මේ ශරීරයට තමයි. කැඩීම්, බිඳීම්වලින් විනාශ වෙලා යන මේ ශරීරය මුල්කරගෙනයි සාමාන්‍ය මනුෂ්‍යයාගේ ලෝකය ගොඩනැගෙන්නේ.

මේ ශරීරය මුල්කරගෙන යන ලෝක සත්වයා දන්නේ නැහැ, මේ යන්නේ කෙළවරක් නැති ඉපදෙන මැරෙන ස්වභාවයක කියලා. මේ පිළිබඳව වටහා ගන්න බුදුරජාණන් වහන්සේගේ මේ දේශනාව ඉතාමත් වැදගත් වෙනවා.

විපාක නොවිඳ අවසන් වෙන්නේ නෑ...

භාග්‍යවතුන් වහන්සේ මේ දේශනාව ආරම්භ කරන්නේ මෙහෙමයි.

"**(නාහං භික්ඛවේ සංචේතනිකානං කම්මානං කතානං උපචිතානං අප්පටිසංවිදිත්වා ව්‍යන්තිභාවං වදාමි.)** මහණෙනි, දැන දැන චේතනා පහළ කොට දැනගෙනම කරන ක්‍රියාවේ විපාක විඳින්නේ නැතුව අවසන් වෙන්නේ නැහැ. **(තං ච ඛෝ දිට්ඨේවා ධම්මේ)** එක්කෝ ඒ විපාක මේ ජීවිතයේදී විඳින්න වෙනවා. **(උපපජ්ජේවා)** එක්කෝ ඊළඟ ආත්මයේ විඳින්න වෙනවා. **(අපරේවා පරියායේ)** එක්කෝ නිවන් දකිනා තුරු විඳින්න වෙනවා."

ඒ කියන්නේ මේ ජීවිතයේදී මනුෂ්‍යයෙක් හිතා මතා චේතනා පහළ කොට යම් ක්‍රියාවක් කරනවාද, ඒ තුළින් යම් කර්මයක් රැස් වෙනවාද, ඒක විපාක නොවිඳ අවසන් වෙන්නේ නැහැ කියන එකයි.

ලෝක ධර්මතාවයක්...

පින්වත්නි, මේ ලෝක ධර්මතාවය බුදුකෙනෙක් විසින් සොයා ගන්නවා. බුදුකෙනෙක් විසින් අවබෝධ කර පෙන්වා දෙනවා. සාමාන්‍ය මනුෂ්‍යයාට මේක සොයන්න කිසිසේත්ම බැහැ. බුදුරජාණන් වහන්සේ පෙන්වා දෙනවා, චේතනා පහළ කොට, හිතාමතා කරන්නා වූ දේ විපාක

නොවිඳ අභාවයට පත්වෙන්නේ නැහැ කියලා. එක්කෝ අපට මේ ජීවිතයේදී විපාක විඳින්න සිද්ධ වෙනවා එහෙම නැත්නම් ඊළඟ ජීවිතයේදී විපාක විඳින්න සිද්ධ වෙනවා.

ඒ කියන්නේ අපි ගිය ආත්මයේ කරපු යම්කිසි දෙයක් ඇද්ද, ඒක මේ ජීවිතයේදී ඵලදෙන්න ඕනතරම් ඉඩ තියෙනවා. එහෙම නම් මේ ජීවිතයේදී කෙනෙක් යහපත්ව ඉන්න පුළුවන්. හැබැයි ඔහු යම්කිසි දුකකට දොම්නසකට පත්වෙන්නත් පුළුවන්. කර්ම විපාක පිළිබඳ ඥාණය ඔහුට නැති නිසා ඔහු සිතන්න පුළුවන් 'ඇයි අපට විතරක් මෙහෙම වෙන්නේ...? ඇයි අපි කාටවත් වරදක් කරලා නැහැනේ...?' කියලා. නමුත් ඔහු විසින් රැස්කරපු දෙයක් තමයි ඔහු විඳින්නේ. ඒක බැලූ බැල්මට කෙනෙකුට පේන්නේ නැහැ.

කර්මයට දාස වූ සසර ගමනක්...

මේ ජීවිතයේ අපි කර්ම රැස් කරනවා. ඒකේ විපාක එක්කෝ අපට මේ ජීවිතයේදී කොටසක් ලැබෙනවා. නැත්නම් එකේ විපාකය මේ ජීවිතයේදී නොලැබී, ඊළඟ ජීවිතයේදී ලැබෙන්න පුළුවන්. නැත්නම් අපි යම්කිසි ආත්මයක නිවන් අවබෝධ කරන්න ලැස්ති වෙයිද, එදාට හරි එනවා. හරි පුදුම විදිහට කර්මයට දාස වුණු, කර්මයට යටත් වූ, කර්මය පිළිසරණ කරගත්තු, ස්වභාවයක් මේ සත්වයාට තිබෙන්නේ.

බුදුරජාණන් වහන්සේගේ කාලයේ නිවන් අවබෝධ කරපු රහතන් වහන්සේලාගේත්, ඇතැම් ශ්‍රාවකයින්ගේත් චරිත දිහා බලද්දී අපට පේනවා, සමහර චරිත මහා ශෝකාන්තවලින් ඉවර වෙනවා. අපි දන්නවා, බුදුරජාණන් වහන්සේ පහළ වූ ශාක්‍ය වංශය මහා ශෝකාන්තයකින්

අවසන් වුණා. ශාක්‍ය වංශය මාර්ගඵල ලාභීන් වැඩිපුරම පහළ වූ වංශයයි. මෙයින් අපට පේනවා මේ කර්ම විපාකයන්ගේ ස්වභාවය.

සියලු හැඩතල නිමවෙන්නේ තමන්ගේ ක්‍රියාවෙන්...

'සංසප්පනී පරියාය සූත්‍රයේදී' බුදුරජාණන් වහන්සේ දේශනා කරනවා, "මහණෙනි, ඔබ දැක තිබෙනවාද, ඇතැම් සත්තු මිනිස්සුන්ව දකින කොට හැකිළෙනවා? මේ සැඟවී කර්ම කරපු අයයි. ඔවුන් යම් වක්‍ර වූ කර්මයක් කළාද, ඔවුන්ගේ චරිතයත් වක්‍ර වෙනවා."

සාමාන්‍ය මනුෂ්‍යයාට තේරෙන්නේ නැහැ, තමන්ගේ ක්‍රියාව විසින් තමන්ගේ හැඩය නිර්මාණය කරනවා කියලා. තමන්ගේ ක්‍රියාව විසින් තමන්ගේ රූපය නිර්මාණය කරනවා. තමන්ගේ ක්‍රියාව විසින් තමන්ගේ ගතිගුණ නිර්මාණය කරනවා. තමන්ගේ ක්‍රියාව විසින් තමන්ගේ හඬ නිර්මාණය කරනවා. තමන්ගේ ක්‍රියාව විසින් තමන්ගේ සෞඛ්‍ය නිර්මාණය කරනවා. තමන්ගේ ක්‍රියාව විසින් තමන්ගේ ඉරණම නිර්මාණය කරනවා. එහෙම නම් තමන්ගේ ජීවිතයේ සියලු හැඩතල, සකස් වෙන්නේ තමාගේම ක්‍රියාවෙන්.

හැමතැනම කර්මය පිළිබඳ නිර්මාණයක්...

නමුත් සාමාන්‍ය මනුෂ්‍යයා ලෝකය දෙස බලන්නේ, 'අනේ...! අසවලාට තිබේ... අපට නැත...' එක්කෝ 'අපට ඇත... ඔවුන්ට නැත...' ලෙස ගළපා බලමින්. නමුත් මේ හැමතැනම තියෙන්නේ කර්මය පිළිබඳ නිර්මාණයක්. මේ විදිහට කර්මානුරූපව ජීවිත හැඩතල සකස් වෙන ලෝකය

දිහා බලද්දී පේනවා, එක එක කෙනා කරපු කර්මානුරූපව ඒ ඒ ජීවිත ලැබිලා තියෙනවා. ඒ අනුව විඳිනවා.

බුදුරජාණන් වහන්සේ දේශනාවෙන් ඉස්මතු කරන දේවල් අපට අදහාගන්න බැහැ. නමුත් ඒ කාලයේ මනුෂ්‍යයන් මේකේ ප්‍රයෝජනය ගත්තා. ඒ කාලයේ මනුෂ්‍යයන්ට මේක නිකන්ම නිකන් අතින් අතට පාස් වෙන දෙයක් නෙවෙයි. ඒ කාලයේ මනුෂ්‍යයන්ගේ හදවත් හරහා ගියපු දෙයක්. ඔවුන්ගේ ක්‍රියාව ධර්මය විසින් වැළඳ ගත්තා. ඒකයි ඒ යුගයේ මනුෂ්‍යයන්ට මේ ධර්මය පුදුම විදිහට ජීවිතවලට උදව් කළේ.

අකුසලය අත්හැර කුසලයට පැමිණෙන්න...

බුදුරජාණන් වහන්සේ කර්මය ගැන මේ විදිහට විස්තර කරලා ඉන්පසු වදාළා, "**(ස ඛෝ සෝ භික්ඛවේ අරියසාවකෝ)** මහණෙනි, ආර්ය ශ්‍රාවකයා කියන්නේ බුදුරජාණන් වහන්සේ සරණ ගිය, බුදුරජාණන් වහන්සේගේ අවබෝධය අදහා ගත්ත, එය සත්‍යයයි කියලා නිෂ්ඨාවට පත් ශ්‍රාවකයා. ඔහු **(විගතාභිජ්ඣෝ)** අනුන්ගේ දෙයට ආශා කිරීම අත්හරිනවා. අනුන්ගේ දේට ආශා කිරීම අත්හැරලා **(විගත ව්‍යාපාදෝ)** වෛර කිරීම, ක්‍රෝධ කිරීම, තරහා ගැනීම, පළිගැනීම අත්හරිනවා. **(අසම්මූළ්හෝ)** සිහි මුලානොවී ඉන්නවා. මොකද අර හැම දෙයකින්ම සිහිය මුලාවෙනවා. **(සම්පජානෝ)** හොඳට දැනගෙන ඉන්නවා. **(පතිස්සතෝ)** සිහිය පිහිටුවාගෙන ඉන්නවා. **(මෙත්තා සහගතේන චේතසා)** මෛත්‍රී සහගත සිතුවිලිවලින් **(ඒකං දිසං ඵරිත්වා විහරති)** එක් දිශාවකට පතුරුවා වාසය කරනවා. **(තථා දුතියං)** එබඳු ලෙසම දෙවෙනි දිශාවටත්, **(තථා තතියං)** ඒ අයුරින්ම තුන්වෙනි දිශාවටත්, **(තථා**

චතුත්ථං) ඒ අයුරින්ම හතරවන දිශාවටත්, **(උද්ධමධෝ)** උඩ, යට **(තිරියං)** හරස් අතට යන මේ සෑම අයුරකින්ම මෛත්‍රී සහගත සිතින් වාසය කරනවා.

වැරදි සිදුවුණේ පටු සිත නිසා...

ආර්ය ශ්‍රාවකයා එසේ වාසය කරන්නේ ජීවිතය ගැන තියෙන යම්කිසි අවබෝධයකින්මයි. ඔහුට ශාස්තෘන් වහන්සේගෙන් අද්භූත කියමනක් අහන්න ලැබුණා. ඒ තමයි 'චේතනාත්මකව රැස් කරන්නා වූ යමක් ඇද්ද, එය විපාක නොවිඳ අවසන් වෙන්නේ නැහැ' කියන එක. මොහුට ධර්මය අහන්න ඉස්සර වෙලා යම්කිසි අතීත ජීවිතයක් තියෙනවා. **(සෝ ඒවං පජානාති)** එයා ඒක දැනගන්නවා. **'(පුබ්බේ බෝ මේ ඉදං චිත්තං පරිත්තං අහෝසි අභාවිතං)** ඉස්සර මගෙන් වැරදි වුණේ මගේ හිතේ පළල් බවක් නොතිබූ නිසා. **(පරිත්තං අහෝසි)** ඒ දවස්වල මම පටු සිතින් හිටියා. **(අභාවිතං)** මම හිත වඩලා තිබුණේ නැහැ.'

මේ ආර්ය ශ්‍රාවකයා කල්පනා කරන විදිහයි. නමුත් ධර්මයට ආපු නැති කෙනා තමන්ගේ අතීතය මතක් වුණාම, වැරදි මතක් වුණාම කරන්නේ ඒ වැරැද්ද මත හඬා වැටීමයි. ඒ වැරැද්ද විග්‍රහ කරගන්න ඔහු ධර්මය හසුරුවන්න දන්නේ නැහැ. ඔහු සිදුවුණු වැරදි ගැන හිතමින් පසුතැවෙමින් ඉන්නවා. ඔහුට ඒක විග්‍රහ කරගන්න බෑ. නමුත් මෛත්‍රිය පතුරුවන ශ්‍රාවකයාගේත් අතීතයේත් ප්‍රශ්න තියෙනවා. නමුත් ඔහු කල්පනා කරනවා 'මට මේ ප්‍රශ්න ඔක්කෝම හටගත්තේ පටු සිතින් සිටිය නිසා. මට නොවැඩූ සිතක් තිබූ නිසා' කියලා. එහෙම නැතුව 'අනේ, මට මෙහෙමයි වුණේ...? ඇයි මටම මෙහෙම වුණේ...?" කියමින් ජීවිතයේ සිද්ධ වුණු දේවල් ආයෙමත් සිතේ හොල්මන් කරද්දී ඒකම වැළඳගෙන විඳවන අය ඉන්නවා.

විශාල සුළියකට අසු වූ චරිතයක්...

බුදුරජාණන් වහන්සේ සත්වයන් දෙස හෙලන්නේ මහා කරුණාවමයි. උන්වහන්සේ දන්නවා, මනුෂ්‍යයෙක් ධර්මයට එන්නේ ජීවිතයේ ලොකු ලොකු ප්‍රශ්න හරහාමයි. ඔහු බණ අහන්න යොමුවෙන්නේ අහම්බෙන්. සමහර විට ජීවිතයේ නොයෙක් අකරතැබ්බවලට මුහුණ දීලා, නොයෙක් දේවල් පස්සේ ගිහින්, එක්කෝ රණ්ඩු දබර, වෛර බැඳගෙන නොයෙක් ප්‍රශ්න මැද්දේ. මේ විදිහට සංසාරය පුරා මහා විශාල සුළියකට අහුවුණු චරිතයක් තමයි මේ ධර්මයට අහම්බෙන් එන්නේ. එහෙම නම් ඒ මිනිසාගේ අතීතයේ අර කතන්දරය තියෙනවා. වරින් වර ඒ කතාව තමන්ගේ ඉස්සරහා දිස් වෙනවා. දිස්වෙන කොට ධර්මය දන්නේ නැති කෙනා කඩාගෙන වැටෙනවා. ධර්මය දන්න කෙනා විග්‍රහයක යෙදෙනවා.

ඔහු කල්පනා කරනවා 'ඉස්සර මගේ සිත හරි පටුයි. මට වැඩූ සිතක් තිබුණේ නැහැ. නමුත් දැන් මම මෛත්‍රිය වඩන කෙනෙක්. දස දිශාවට මෛත්‍රිය වඩන කෙනෙක්. **(ඒතරහි පන මේ ඉදං චිත්තං අප්පමාණං සුභාවිතං)** දැන් මට පටු සිතක් නැහැ. මගේ සිත ප්‍රමාණ රහිතව නිසියාකාරව දැන් වඩනවනේ.' ඒ විදිහට සිතක තියෙන කුසලතාවයකින්මයි ගොඩඑන්න තියෙන්නේ.

පටු සිතක් දුන් දුකක්...

මේ සූත්‍ර දේශනාවේ නම **'කරජකාය.'** නමුත් කය ගැන මොකුත් විස්තරයක් මේකේ නැහැ. මෙහි සම්පූර්ණයෙන්ම තියෙන්නේ සිතක විස්තරයක්. සාමාන්‍ය ලෝකය සම්පූර්ණයෙන්ම ගොඩනැගෙන්නේ සිතක

ස්වභාවයක් හරහා කය අනුවයි. නමුත් අපේ ජීවිතයේ ප්‍රශ්න, අර්බුද, ගැටලු, වැල නොකැඩී එකතු වෙලා තියෙන්නේ සිතක පටු බව නිසාමයි. මේවා කායික ප්‍රශ්න නෙවෙයි. මේවා පටු සිතක් නිසා සිදු වුණු දේවල්.

එයා තවදුරටත් කල්පනා කරනවා, 'මට ඒ කාලයේ මෙහෙම සිද්ධ වුණේ සිත පටු නිසා. දැන් මගේ සිත **(අප්පමාණං සුභාවිතං)** ප්‍රමාණ රහිතව සිත වඩනවා. **(යං ඛෝ පන කිංචි පමාණකතං කම්මං)** මගේ අතින් සිදු වූ දේවල් ඔක්කෝම අප්‍රමාණ හිතකින් කරපු දේවල් නෙවෙයි. පටු සිතකින් කරපු යමක් ඇද්ද, **(න තං තත්‍රාවතිට්ඨති)** ඒවා දැන් මේ සිතේ ඉතුරු වෙන්නේ නැහැ. මේ සිතේ ඒක පිහිටන්නේ නැහැ.'

සැබෑම ධනාත්මක චින්තනය...

මේක තමයි හැබෑම චිත්ත ධර්ම විද්‍යාව. සාමාන්‍යයෙන් නොවැඩූ සිතකට යම්කිසි දෙයක් එකතු වුණු ගමන් ඒක ඒ සිතේ ඇලෙනවා. ඒ සිතට උරා ගන්නවා. ඒ සිතත් එක්ක එකතු වෙලා තියෙනවා. ඒ පිළිබඳ ඔහුට විග්‍රහයක යෙදෙන්න බැහැ. යමක් සිතට ගියාට පස්සේ ඒ සිත නොවැඩූ සිතක් නිසා අර අරමුණු වැළඳ ගන්නවා.

වැඩූ සිතක් ඇති කෙනා විග්‍රහයක යෙදෙනවා. යෙදිලා කල්පනා කරනවා 'මම ඒ කාලයේ කරපු දේවල් අප්‍රමාණ සිතින් කරපුවා නෙවෙයි. ප්‍රමාණ සිතින් කරපු දේවල්. ඒවා දැන් සිතේ රඳන්නේ නැහැ. මේ සිතේ පිහිටන්නේ නැහැ.' මේක තමයි සැබෑම ධනාත්මක චින්තනය. සුද්දන්ට මේක අහුවුණේ නැහැ.

මෙත් සිත වැඩුවොත් පව් කෙරෙයිද...?

බුදුරජාණන් වහන්සේ ස්වාමීන් වහන්සේලා ගෙන් අහනවා,

"මහණෙනි, පුංචි දරුවෙක් පොඩි කාලයේ ඉඳලා මෙත් සිත වැඩුවා නම් ඔහුට පව් කෙරෙයිද...?"

"**(නෝ හේතං භන්තේ)** නැහැ ස්වාමීනී."

"**(අකරොන්තං බෝ පන පාපකම්මං අපි නු බෝ දුක්ඛං ඵුසෙය්‍යාති)** පව් කෙරෙන්නේ නැත්නම්, ඔහු කොහොමද දුක ස්පර්ශ කරන්නේ?"

මෙහි හොඳ පණිවිඩයක් තියෙනවා. ඒ තමයි යම් දුකක්, දොම්නසක්, අපේ ජීවිතත් එක්ක හඹා එනවාද ඒ පිටිපස්සේ තම තමන් පිළිබඳවම යම්කිසි කතාවක් තියෙනවා. හඹාගෙන එන යම් දුකක්, දොම්නසක් ඇද්ද එය ඔහු විසින් පෙර කවදා හෝ කරන ලද දෙයක ඵලයයි.

කවුරුවත් කියා නොදුන් කතාවක්...

බුදුරජාණන් වහන්සේ වදාළ පරිදි කුඩා වයසේ දරුවෙක් මෙත් සිත වඩලා හිටියොත් ඔහු අතින් පව් කෙරෙන්නේ නැහැ. අපි මේ ගතකරන සාමාන්‍ය ජීවිතය තුළ අපට කවුරුවත් මේ කතාව කියා දුන්නේ නැහැ. අපි පාසලකට ගියත් කියා දුන්නේ නැහැ. සාමාන්‍යයෙන් පුංචි කාලයේ අපි මොකක් හරි එකක හැප්පුණොත් අපි අඬනවා. අඬන කොට අම්මලා කරන්නේ "ආ... නාඬා ඉන්න පුතේ, මම මේකට දෙන්නම් වැඩේ...." කියලා අර හැප්පුණු එකට ගහනවා. ගැහුවාම අපි "හරි මාව හැප්පුවාට යසයි... දඬුවම් ලැබුණා" කියලා සතුටු වෙනවා. එතකොට අපේ හිතට පුංචි කාලයේ ඉඳලා යන්නේ ඔවා

නේද? ඊට පස්සේ සමහර විට අපට කවුරු හරි වරදක් කළොත් එයාට ගහන තෙක්ම අපි අඬනවා.

මේ ආකාරයට අපේ යම් ක්ලේශයක් ඇද්ද, යම් ද්වේෂයක් ඇද්ද, මේවා කුඩා අවධියේ පටන් මෝරනවා. තේරෙන වයස එද්දී ඒ කෙනාව මෙහෙය වන්නේ ඒවා තමයි.

දුක පිණිස පවතින අතීත කතාවක්...

ධර්මයක් නැතුව මේ යන ජීවිත ගමනේ අහම්බෙන් වගේ ධර්මය මුණගැහෙන වෙලාව වෙනකොට ඔහුගේ පිටුපසින් යම්කිසි කතන්දරයක් තියෙනවා. සැපය පිණිස නොපවතින, දුක පිණිස පවතින යම්කිසි ලොකු අතීත කතන්දරයක් තියෙනවා. මේ කතන්දරය තමන්ගේ ජීවිතයට වරින් වර පෙන්නුම් කරනවා. ඒ වෙලාවට ධර්මය දන්නේ නැති කෙනා ඒ කතන්දරය තුළම ජීවත් වෙනවා. අතීත ජීවිත මතක් කරමින් 'අරගොල්ලෝ අපට මෙහෙමයි කළේ....' කියලා ඒක මත්තේම එක දිගට යනවා. ඒක මතකයේ තියෙන ස්වභාවයක්. ඊට පස්සේ ආයෙමත් හිත අකුසලයේ පිහිටුවනවා. ඒ විදිහට හිත අකුසලයේ පිහිටියාට පස්සේ එතැන ඉඳලා ඔහුගේ ක්‍රියාව ආයෙමත් අකුසල් සහගතයි.

බුදුරජාණන් වහන්සේ දේශනා කරනවා, "මහණෙනි, පව් කෙරෙන්නේ නැත්නම් ඔහු දුක ස්පර්ශ කරයිද?"

"**(නෝ හේතං භන්තේ)** ස්වාමීනී, එහෙම ස්පර්ශ කරන්නේ නැහැ. **(අකරොන්තං හි භන්තේ, පාපකම්මං කුතෝ දුක්ඛං ඵුසිස්සති)** භාග්‍යවතුන් වහන්ස, පව් කරන්නේ නැත්නම්, දුකක් ස්පර්ශ කරන්නේ මොකෙන්ද?"

මෛත්‍රී චිත්ත විමුක්තිය වැඩිය යුතුයි...

බුදුරජාණන් වහන්සේ ඊළඟට පාවිච්චි කරන වචන හරිම ලස්සනයි.

"**(භාවේතබ්බෝ බෝ පනායං භික්ඛවේ මෙත්තා චේතෝවිමුත්ති, ඉත්ථියා වා භික්ඛවේ පුරිසේන වා)** මහණෙනි, මෛත්‍රී චිත්ත විමුක්තිය, වැඩිය යුතුයි. **(ඉත්ථියා වා)** ස්ත්‍රියක් විසින් හරි කළ යුතුයි. **(පුරිසේන වා)** පුරුෂයෙක් විසින් හෝ කළ යුතුයි."

එහෙම නම් මෙතැන ස්ත්‍රී පුරුෂ කතාවක් නැහැ. මෙතැන තියෙන්නේ ක්‍රියාව පිළිබඳ කතන්දරයයි. එහෙම නම් අපේ හැම ජීවිතයකම හැඩතල නිර්මාණය කරන්නේ අප විසින්ම කරන ලද කර්මය විසින්. අප විසින්ම කරන ලද ක්‍රියාව විසින්.

මනුෂ්‍යයා ඉන්නේ චිත්ත මාත්‍රයකින්...

බුදුරජාණන් වහන්සේ දේශනා කරනවා, "**(ඉත්ථියා වා භික්ඛවේ පුරිසස්ස වා නායං කායෝ ආදාය ගමනීයෝ)** මහණෙනි, ස්ත්‍රියක් වුණත්, පුරුෂයෙක් වුණත් තමන්ගේ ශරීරය අරගෙන යන්නේ නැහැ." නමුත් අපි ශරීරය වටා තමයි මේ සියලුම දේ ගොඩනගාගෙන තියෙන්නේ.

"**(චිත්තන්තරෝ භික්ඛවේ මච්චෝ)** පින්වත් මහණෙනි, මේ මනුෂ්‍යයා ඉන්නේ චිත්ත මාත්‍රයකින්." බුදුරජාණන් වහන්සේ මේ පිළිබඳව දේශනා කරන්නේ අසීමාන්තික වූ ජීවිත අවබෝධයකින්. සාමාන්‍ය ලෝකයා හැම තිස්සේම බලන්නේ චිත්ත මාත්‍ර වූ සත්වයෙක් දිහා නෙවෙයි, කායික සත්වයෙක් දිහා. බුදුරජාණන් වහන්සේ පෙන්වා දෙනවා, "ස්ත්‍රියක් වුණත්, පුරුෂයෙක් වුණත්

කිසිවෙක් මේ කය අරගෙන යන්නේ නැහැ. මේ මනුෂ්‍යයා ඉන්නේ චිත්ත මාත්‍රික සත්වයෙක් හැටියට. **(චිත්තන්තරෝ)** බොහෝම පොඩි හිතක, හැම මොහොතේම පවතින සිතුවිලි ටිකක් පවත්වමින් තමයි මේ මනුෂ්‍යා ඉන්නේ."

නමුත් මේක ලෝකයාට පේන්නේ නැහැ. ලෝකයාට පේන්නේ ඔහුගේ ශරීරය, ඔහු අඳින වස්ත්‍රය, පළඳින අභරණ විතරයි. ලෝකය සම්පූර්ණයෙන් ගොඩනැගෙන්නේ කය වටා. නමුත් මනුෂ්‍යයාගේ පැවැත්ම තියෙන්නේ චිත්ත මාත්‍රයකින්.

යළි කාම ලෝකයට නොපැමිණීම පිණිසයි...

"**(නායං කායෝ ආදාය ගමනීයෝ)** මේ කය අරගෙන යන්නේ නැහැ. **(සෝ ඒවං පජානාති)** එහෙම තේරුම් ගත්ත කෙනා මේ කාරණය දැනගන්නවා. '**(යං ඛෝ මේ ඉධ කිඤ්චි පුබ්බේ ඉමිනා කරජකායේන පාප කම්මං කතං)** මට මේ ධර්මය ලැබෙන්න කලින් මේ කරජකාය (කරජකාය කියන්නේ මව්පියන්ගෙන් හටගත්, ආහාර පානයන් ගෙන් පෝෂණය වන, ඉලීම් පිරිමැදීම් ආදීයෙන් නඩත්තු වන මේ කය) මුල්කරගෙන යම්කිසි පව්කමක් කෙරුණාද, **(සබ්බං තං ඉධ වේදනීයං)** ඒ ඔක්කෝම මට මෙහෙදී විතරක් විඳින්න සලස්වා ගන්නවා. **(න තං අනුගං භවිස්සති)** ඒක මගේ පස්සෙන් එන්නේ නැහැ.'

(ඒවං භාවිතා ඛෝ භික්ඛවේ මෙත්තා චේතෝ විමුත්ති) මේ විදිහට කල්පනා කරමින් මෛත්‍රිය වැඩුවොත් **(අනාගාමිතාය සංවත්තති)** එයා ආයෙමත් කාම ලෝකයට එන්නේ නැහැ. ඔහු අනාගාමී වෙනවා. **(ඉධ පඤ්ඤස්ස භික්ඛුනෝ උත්තරිං විමුත්තිං අප්පටිවිජ්ඣතෝ)** මෙහෙම

මෛත්‍රිය වඩන ඤාණවන්ත භික්ෂුව අරහත්වයට පත්වෙන්න බැරිවුණොත් විතරක් අනාගාමී වෙනවා."

මෛත්‍රිය වඩන නිවැරදි ආකාරය...

මේ විදිහට ස්ත්‍රියක් වුණත්, පුරුෂයෙක් වුණත් මෛත්‍රිය වැඩිය යුතුයි. බුදුරජාණන් වහන්සේ මෛත්‍රිය වඩන ආකාරය දේශනා කරනවා. මෛත්‍රිය වඩන්නේ '**(අහං අවේරෝ හෝමි, අබ්‍යාපජ්ජෝ හෝමි, අනීඝෝ හෝමි)** මම වෛර නැත්තෙක් වෙම්වා...! තරහා නැත්තෙක් වෙම්වා...! ඊර්ෂ්‍යා නැත්තෙක් වෙම්වා...!' ආදී වශයෙන්. '**හෝමි**' කියන්නේ 'වෙමි' කියන එක නෙවෙයි. පාළි ව්‍යාකරණයේ '**හෝතු**' කියන්නේ 'වේවා.' '**හොන්තු**' කියන්නේ 'වෙත්වා.' '**හෝමි**' කියන්නේ 'වෙම්වා.' '**හෝම**' කියන්නේ 'වමෝවා.' ඒ විදිහට භාෂාව යෙදෙන ආකාරය දන්නේ නැත්නම් කෙනෙක් හිතනවා 'මම වෛර නැත්තෙක් වෙමි' කියලා. පාළිය සිංහලෙන් පරිවර්තනය කරගන්න දන්නේ නැති කෙනා '**අහං අවේරෝ හෝමි**' කිව්වාම 'මම අවෛරී කෙනෙක් වෙමි' කියලා හිතනවා. නමුත් එතැන පැටලැවිල්ලක් තියෙන්නේ.

මේ විදිහට 'වෛර නැත්තෙක් වෙම්වා...! තරහා නැත්තෙක් වෙම්වා...! ඊර්ෂ්‍යා නැත්තෙක් වෙම්වා...! දුක් පීඩා නැත්තෙක් වෙම්වා...! සුවසේ ජීවත් වෙම්වා...! ශාන්ත සුවයට පත් වෙම්වා...! කිව්වාම වැඩෙන්නේ මෛත්‍රී චිත්තයයි. මෛත්‍රිය කියන්නේ මිත්‍රභාවයට. ලෝකය ඔහු කෙරෙහි අමනාපයෙන් ඉන්න පුළුවන්. නමුත් ඔහු කා සමඟවත් අමනාප නැහැ. ලෝකයා ඔහු කෙරෙහි ගැටෙමින් ඉන්න පුළුවන්. ඔහු කා සමඟවත් ගැටෙන්නේ නැහැ.

මෙත් සිත අභියස තරහාකාරයෙක් නෑ...

බුදුරජාණන් වහන්සේ කෙරෙහිත්, උන්වහන්සේගේ ශ්‍රාවකයන් කෙරෙහිත් අමනාපෙන් සිටිය අය ඒ කාලයෙත් සිටියා. බුදුරජාණන් වහන්සේට හානි කරන්න බලාගෙන, ශ්‍රාවකයන්ට හානි කරන්න බලාගෙන බොහෝ අය හිටියා. නමුත් බුදුරජාණන් වහන්සේගේ මෛත්‍රී චිත්තය සියලුම සත්වයන් කෙරෙහි සම සිතින් පැතිරෙනවා. ශ්‍රාවකයන්ගේ මෙත් සිතත් සියලු සත්වයන් කෙරෙහි සම මෙතින් පැතිරෙනවා.

ඒ ආකාරයට යම්කිසි කෙනෙක් සම මෛත්‍රිය පතුරුවද්දී ඔහුට තරහකාරයෙක් නැහැ. ඔහු තරහ වුණු කෙනෙක් නෙවෙයි. ඔහු වෛර බැඳගත්තු කෙනෙක් නෙවෙයි. ඔහු එකට එක කරන කෙනෙක් නෙවෙයි. ලෝකයා කුමක් කළත්, ඒක ලෝකයා අරගෙන යයි. මෛත්‍රී සිත වඩන කෙනා දුකෙන් මිදෙනවා. මෛත්‍රියෙන් ඔහුගේ ජීවිතයේ හැඩතල බොහෝමයක් නිර්මාණය වෙනවා. කාම ලෝකයවත් ඔහුට ඉතුරු වෙන්නේ නැහැ.

සසර දුකට ප්‍රත්‍යක්ෂ විරේකය...

බුදුරජාණන් වහන්සේගේ දේශනා හරි පුදුමයි. 'විරේචන සූත්‍රයේදී' බුදුරජාණන් වහන්සේ දේශනා කරනවා "මහණෙනි, වා, පිත්, සෙම් ආදියෙන් අසනීප වුණාම විරේක බෙහෙත් දෙනවා. මහණෙනි, මේ විරේක බෙහෙත් දුන්නාම සමහරුන්ට බඩඑළිය යනවා. සමහරුන්ට කොපමණ බිව්වත් යන්නේ නැහැ.

මහණෙනි, ඒ විරේක බෙහෙත එහෙම වුණාට මම දෙන විරේකය එහෙම එකක් නෙවෙයි. එයින් ජාති, ජරා, ව්‍යාධි, මරණ ඔක්කෝම අවසන් වෙලා යනවා. එනම්

ආර්ය අෂ්ටාංගික මාර්ගයයි." එහෙම නම් මේකයි හැබෑ විරේකය. බුදුරජාණන් වහන්සේට වගේ විශ්වාසයකින් ඒ වගේ ප්‍රබල ලෙස තමන්ගේ විසඳුම ඉස්මතු කරන්න පුළුවන් කෙනෙක් ලෝකයේ වෙන කිසිම තැනක නැහැ.

අප්‍රමාණ සිතක අකුසල් නොරඳී...

බුදුරජාණන් වහන්සේ දේශනා කරනවා,

"ඒ ශ්‍රාවකයා 'මම මගේ පරණ ශරීරයෙන් කළ යමක් ඇද්ද, එයින් විඳින යමක් ඇද්ද, මේ ජීවිතයේ විතරක් මම ඒක විඳිනවා. මම ඒක මේ ජීවිතයෙන් වෙන ජීවිතයකට අරගෙන යන්නේ නැහැ' කියලා කල්පනා කරනවා. ඒ වගේම මෛත්‍රිය බහුලව වැඩූ ඔහු කල්පනා කරනවා '**(ඒතරහි ඉදං මේ චිත්තං අප්පමාණං සුභාවිතං)** දැන් මාගේ සිත අප්‍රමාණ ස්වභාවයෙන් වඩා තියෙනවා.' අප්‍රමාණ සිතක අකුසලය නොපිහිටන බව එයා අත්විඳිනවා.

මෙයින් යමක් පැහැදිලියි, මේ පටු සිතමයි අපට අනිත් පැත්තට හරවගන්න තියෙන්නේ. වැඩූ සිතින් යුතු කෙනා කල්පනා කරනවා, 'මගේ ජීවිතයේ කලින් මම යමක් කළාද, වැරදුණාද ඒ වැරදුණේ මට පටු සිත තිබුණු කාලයේ. සිත නොවැඩූ කාලයේ.' එහෙම නම් සිත නොවැඩූ පටු සිත තිබෙන කෙනා හිතුවොත්, 'මට තිබෙන්නේ පටු සිතක්. මේ සිත වැඩිය නොහැකියි' කියලා ඔහු වීරිය ගන්නේ නැහැ. ඔහු උත්සාහ කරන්නේ නැහැ. ඔහු පටු සිතම වැළඳ ගන්නවා. ඔහු පටු සිතම පෙරට ගන්නවා. පටු සිත තිබුණු කෙනා ඒ සිතමයි අප්‍රමාණ චේතෝ විමුක්තියකට හරවගෙන තියෙන්නේ. ඒක බාහිර කෙනෙක් කරලා දෙන්නේ නැහැ. තමන්මයි ඒක කළ යුත්තේ.

අන් අයගේ සැපයට කැමති වෙමු...

බුදුරජාණන් වහන්සේ දේශනා කරනවා,"මහණෙනි, ආර්ය ශ්‍රාවකයා කරුණා සිත වඩයි." කරුණා සිත වඩන්නේ 'මම නිදුක් වෙම්වා...! නීරෝග වෙම්වා...! සුවපත් වෙම්වා...! දුකින් මිදෙම්වා...! නිවන් දකිම්වා...!' කියලයි. පසුව 'සියලු සත්වයෝ නිදුක් වෙත්වා...! නීරෝග වෙත්වා...! සුවපත් වෙත්වා...! දුකින් මිදෙත්වා...! නිවන් දකිත්වා...!' කියලා වඩනවා. ඒ කරුණා භාවනාවයි.

කරුණාව ඇතිවෙන්නේ 'මේ සත්වයන් දුකට පත්වෙලා ඉන්නවා. මේ සත්වයන් රෝග පීඩාවලින් විඳවනවා' කියලා දකින කොටයි. ඒ වගේම 'මේ සත්වයන් සැපය පතාගෙන ඉන්නවා. නමුත් දුකක් විඳිනවා' කියලා දකින සිතට කරුණාවක් ඇතිවෙනවා. 'සියලු සත්වයෝ නිදුක් වෙත්වා...! නීරෝග වෙත්වා...! සුවපත් වෙත්වා...!' කියන මෙවැනි ආකල්ප සාමාන්‍ය ලෝකයා තුළ නැහැ.

පමණ කළ නොහැකි මට්ටමෙන් පටු සිත පළල් වුණා...

"**(චිත්තන්තරෝ භික්ඛවේ මච්චෝ)** මහණෙනි, මනුෂ්‍යයා චිත්ත මාත්‍ර වූ කෙනෙකි." මේක මුලාවෙන් මුලාවට පත්වෙලා ඉන්න ලෝක සත්වයා දන්නේ නැහැ. ඉතින් මේ ලෝකයට මනුෂ්‍යයකුගේ සිතක ඇති කරුණාව අත්‍යවශ්‍යයි. එයා මේ කරුණාව **(ඒකං දිසං ඵරිත්වා විහරති)** එක දිශාවකට පතුරුවා වාසය කරනවා. **(තථා දුතියං)** ඒ අයුරින්ම දෙවන දිශාවටත්, **(තථා තතියං)** තුන් වන දිශාව ආදී ලෙස දස දිශාවටම කරුණාව වඩනවා. ඒ කෙනා මේ විදිහට කරුණාව වඩන්නේ සත්වයා දුකට පත්වෙන බව තේරුම් අරගෙනයි.

කරුණා භාවනාව වඩන කෙනා කල්පනා කරනවා, 'මගෙන් ඉස්සර වැරදි වුණා. ඒ මට නොවැඩූ, පටු සිතක් තිබුණු නිසා' කියලා. අංගුලිමාල ජීවිත කතාව බැලුවත් පැහැදිලියි, ඔහුගේ සිතේ කරුණා මෛත්‍රිය නැති එක්තරා කාල පරිච්ඡේදයක් තිබුණා. එකල ඔහුට තිබුණේ නොවැඩූ, ඉතාමත්ම පටු සිතක්. ඔහු ඒ කාලය තුළ බලවත් ලෙස පව් කළා. ඊට පස්සේ බුදුරජාණන් වහන්සේගේ ධර්මය ඇහුවට පස්සේ ඒ සිතේ මෛත්‍රිය වැඩුණා. කරුණාව වැඩුණා. මුදිතාව වැඩුණා. උපේක්ෂාව වැඩුණා. කලින් තිබුණු පටු සිත පළල් වුණා. පමණ කළ නොහැකි මට්ටමෙන් සිත පළල් වුණා.

අවසානයක් නොමැති මෙත් සිතක්...

සාමාන්‍ය මනුෂ්‍යයාගේ සිත පටුවුණාම තමයි සිතේ ද්වේෂය, වෛරය, ඊර්ෂ්‍යාව, ක්‍රෝධය ආදී මේවා ඇදෙන්නේ. නමුත් ඔහු මෛත්‍රී සිත අප්‍රමාණ දිශාවන්ට පතුරවනවා. එතකොට ඔහුගේ සිත පිළිබඳ ක්ෂේත්‍රය, ඔහුගේ සිත පැතිරෙන ප්‍රමාණය අප්‍රමාණයි. ඒ විදිහට උතුරු දිශාව, නැගෙනහිර දිශාව, දකුණු දිශාව, බටහිර දිශාව, උඩ දිශාව, යට දිශාව ආදී ලෙස ඔහුගේ සිත මේ ලෝකයේ අවසානයක් නැතුව පතුරුවනවා.

එහෙම නම් මේ අප්‍රමාණ සිත හමුවේ කොහේවත් කොනක සතෙක් මගහැරෙන්නේ නැහැ. කිසිම සතෙක් දුකක් විඳිනවාට ඔහු සතුටු වෙන්නේ නැහැ. එහෙම නම් එයා උඩ බැලුවත්, යට දිශාව බැලුවත්, හරස් අතට බැලුවත්, ලෝකයේ කිසි සත්වයෙක් දුකක් විඳිනවාට කැමති නැහැ. එතකොට ඔහු තුළ තියෙන්නේ 'සියලු සත්වයෝ නිදුක් වෙත්වා...! නීරෝග වෙත්වා...! සුවපත් වෙත්වා...!' කියන අප්‍රමාණ සිතක්.

එයාට අප්‍රමාණ සිතක් උපදවා ගන්න ප්‍රථමව පටු සිතකින් යුතු අතීතයක් තිබුණා. නමුත් ඔහු අප්‍රමාණ සිතක් උපදවා ගත්තේ ඒ අතීතය අමතක කරමින්. අංගුලිමාල කැලයේ ගතකරපු දරුණු ජීවිතය තියෙන කාලයේ ඔහුගේ මනසේ කිසියම් ලතෙත් බවක් තිබුණු බවට ලකුණක් නැහැ. ඔහුට මනුෂ්‍යයෙකුගේ බෙල්ල කපනවා කියන එක ගහක කොළයක් කඩනවා වගේ බොහෝම සුළු දෙයක් වුණා.

අදටත් සෙත සළසන සත්‍ය ක්‍රියාවක්...

නමුත් අන්තිමට අම්මා කෙනෙක් දරු ප්‍රසූතියෙන් කෑගහනවා ඇහෙන කොට ඒ හදවතේ අනුකම්පාව උතුරා ගියා. දවසක් එවැනි හඬක් ඇහිලා අංගුලිමාල රහතන් වහන්සේ බුදුරජාණන් වහන්සේට කියනවා,

"භාග්‍යවතුන් වහන්ස, අම්මා කෙනෙක් දරු ප්‍රසූතියෙන් වේදනා විඳිනවා. මට හරි අනුකම්පාවක් ඇතිවුණා."

"එහෙම නම් ඔබ ගිහින් සත්‍යක්‍රියා කරන්න."

"භාග්‍යවතුන් වහන්ස, මම කොහොමද සත්‍යක්‍රියා කරන්නේ?"

"මම කවදාවත් ප්‍රාණඝාතයක් කළේ නැහැ කියලා ඔබ සත්‍යක්‍රියා කරන්න."

ඒ වෙද්දි අංගුලිමාල ස්වාමීන් වහන්සේ මහරහතන් වහන්සේ නමක් වෙන්නත් පුළුවන්, නොවෙන්නත් පුළුවන්. ඒ වෙලාවේ අංගුලිමාල ස්වාමීන් වහන්සේ අත් දෙක පෙන්වනවා,

"භාග්‍යවතුන් වහන්ස, මගේ මේ අත් ලෙයින් පෙඟී ගියා. ඉතින් මම කොහොමද සත්‍යක්‍රියා කරන්නේ?"

"අංගුලිමාල, ඔබ ගිහින් කියන්න, '(**යතෝහං භගිනි, අරියාය ජාතියා ජාතෝ**) නැගණිය, මම ආර්ය ජාතියෙහි යම් දවසක උපන්නාද, (**නාභිජානාමි සඤ්චිච්ච පාණං ජීවිතා වෝරෝපේතා**) එදා පටන් දැන දැන සතෙකුගේ දිවි තොර කළ බවක් මම දන්නේ නෑ' කියලා."

වෙනස්වීම කොච්චරක්ද...?

බලන්න, බුදුරජාණන් වහන්සේගේ ධර්මයත් එක්කම ඔහුගේ සිත විශාල වෙනසකට ලක්වුණා. ඒ වෙනස් වීම කොච්චරක්ද? හරි පුදුමයි, මෙතැන ජීවිත දෙකක්. කලින් මහා සුප්‍රසිද්ධ මනුෂ්‍ය ඝාතකයෙක්. ඒ ජීවිතයම ධර්මයෙන් වෙනස් වුණා. දැන් දැනගෙන කිසි සතෙකුට හිංසාවක් නොකරන ශාක්‍ය පුත්‍රයෙක්.

අංගුලිමාල ස්වාමීන් වහන්සේ එතැනට වැඩම කරලා අර කෙනාට කියනවා,

"(**යතෝ'හං භගිනි අරියාය ජාතියා ජාතෝ**) නැගණිය, මම යම් දවසක ආර්ය ජාතියෙහි උපන්නාද, (**නාභිජානාමි සඤ්චිච්ච පාණං ජීවිතා වෝරෝපේතා**) එදා පටන් දැන දැන සතෙකුගේ දිවි තොර කළ බවක් මම දන්නේ නැහැ. (**තේන සච්චේන**) මේ සත්‍යයෙන් (**සොත්ථි තේ හෝතු**) ඔබ සුවපත් වේවා...! (**සොත්ථි ගබ්භස්සාති**) සුවසේ ඔබට දරු ප්‍රසූතිය වේවා...!"

පුදුම ආශ්චර්යයක්...!

ඒ වෙලාවේ පුදුම දෙයක් වුණා. ඒ අම්මා දන්නෙත් නැතුවම පෙරහන්කඩයකින් වතුර එනවා වගේ දරුවා සුවසේ බිහිවුණා. මෙයට පුරුදු වුණ මිනිස්සු එතැන හෝදලා අරගෙන ගිහිල්ලා ගැබිනි අම්මලාට පොවනවා.

එයින්ම සුවපත් වෙනවා. ඒකයි පුදුම. පටු සිතට නැති දෙයක් අප්‍රමාණ චේතෝ විමුක්තියට තියෙනවා.

අංගුලිමාල රහතන් වහන්සේට මේ දේශනාවේ තියෙන විදිහටම වුණා. 'යමක් කළාද, ඒක මේ ජීවිතයට විතරයි.' අංගුලිමාල මහරහතන් වහන්සේ සමහර දාට පිඬුසිඟා වඩිනවා. ආපහු වඩිද්දී පාත්තරේ බිඳිලා. ඒ කාලයේ තිබුණේ යකඩ පාත්තර නෙවෙයි, මැටි පාත්තර. උන්වහන්සේ සමහර දවස්වලට සිවුර ඉරාගෙන, ඔළුව පැලිලා, ලේ ගලන සිරුරින්ම වඩිනවා. මොකද කවුරු හරි කොහේටවත් ගලක් ගහන කොට උන්වහන්සේටයි වදින්නේ.

මේ සිදුවීම්වල සත්‍යතාවය පැහැදිලියි. අදත් මේ සමාජයේ සමහර මනුෂ්‍යයන් හිතන්න බැරි විදිහට කොහේවත් යන කරදරවලින් අසාමාන්‍ය විදිහේ කරදරවලට පත්වෙනවා. සමහර විට මැරෙනවා.

බ්‍රාහ්මණය, ඉවසන්න...

ඉතින් බුදුරජාණන් වහන්සේ ළඟට අංගුලිමාල රහතන් වහන්සේ ලේ හලාගෙන, සිවුරු ඉරාගෙන, පාත්තරේ බිඳගෙන වඩිනවා. ඒ වෙලාවට බුදුරජාණන් වහන්සේ කියන්නේ "බ්‍රාහ්මණය, ඉවසන්න" කියලයි. උන්වහන්සේ 'බ්‍රාහ්මණය' කියලා රහතන් වහන්සේලාට පාවිච්චි කරනවා. "බ්‍රාහ්මණය, ඉවසන්න. හැබැයි ඔබට මේ ජීවිතයෙන් මේ දුක ඉවරයි. බොහෝ කාලයක් නිරයේ විඳින්න තිබුණු දේ අවසන් වුණා."

ධර්මය නැති තැන මියයන්නේ පටු සිතින්මයි...

මැත භාගයේ මනුෂ්‍යයන් කරපු පව් නිසා මැරිලා කොච්චර නිරයේ ඇද්ද? පටු සිතින් මිදෙන්න තියෙන්න

හැකියාව තියෙන බොහෝ දෙනෙක් ඉන්න ඇති. නමුත් ධර්මය නොතිබුණ නිසා, ධර්මය ලැබෙන්න පිළිවෙලක් නැති නිසා ඔවුන් පටු සිතින්ම මිය ගියා. යමෙක් යම් තැනක ඉපිද දුක් ස්පර්ශ කරයිද, ඒ සඳහා ඔවුන්ගේ කර්මය සකස් වෙලා තිබුණා. බුදුරජාණන් වහන්සේ දේශනා කරනවා "**(අකරොන්තං බෝ පන පාපකම්මං අපි නු බෝ දුක්ඛං ඵුසෙය්‍යාති)** පව් කරන්නේ නැත්නම් දුක ස්පර්ශ කරන්නේ නෑ" කියලා.

එහෙම නම් පෙරුම් දම් පුරාගෙන පැමිණි මේ චරිතවලටත් සිද්ධ වුණු දේ බලද්දී සාමාන්‍ය මනුෂ්‍යයා පටු සිතින් යුක්ත වෙන්න ඉඩ තියෙනවා කියන එක ගැන කවර කතාද? නමුත් ධර්මය හම්බවුණාට පස්සේ වුවමනා නම් ඒ පටු සිතින් මිදෙන්න පුළුවන්.

බුදුරජාණන් වහන්සේ ස්වාමීන් වහන්සේලා ගෙන් අසා සිටියා,

"මහණෙනි, දරුවෙක් කුඩා අවධියේ ඉඳලා කරුණා භාවනාව දියුණු කරමින් හිටියොත් ඒ දරුවාට පව් රැස්වෙයිද...?"

"ස්වාමීනී, කරුණා භාවනාව කරන කෙනෙකුට පවක් රැස් වෙන්නේ නැහැ."

"පවක් රැස්වෙන්නේ නැත්නම් දුකක් ස්පර්ශ වෙයිද?"

"දුකක් ස්පර්ශ වෙන්නේ නැහැ."

එහෙම නම් යම්කිසි පවක් රැස්වුණාද, ඒ රැස් වෙලා තියෙන්නේ මේ මනසේ තියෙන නොවැඩීමක් නිසා.

බුදුරජාණන් වහන්සේ පෙන්වා දෙනවා, යමෙක් බේරෙන්න නම් කල්පනා කළ යුත්තේ සතර

බ්‍රහ්ම විහරණයෙන්. මෙවැනි දේ අහන කොට ප්‍රායෝගිකව මනුෂ්‍යයන්ට අහලකටවත් එන්න පුළුවන්ද කියලා හිතෙනවා. එච්චරටම මේ ලෝකය ධර්මයෙන් තොර වූ ලෝකයක්.

බුදුරජාණන් වහන්සේ භික්ෂූන් වහන්සේලා ගෙන් අහනවා,

"චූටි කාලයේ ඉඳලා පොඩි දරුවෙක් කරුණා භාවනාව වැඩුවොත් ඒ දරුවාට පාපකර්ම රැස් වෙයිද?"

"අනේ නැහැ ස්වාමීනී."

"පාපකර්ම රැස් වෙන්නේ නැත්නම් මේ දරුවාට දුක ස්පර්ශ වෙන්නේ කොහොමද...? ඒ නිසා මහණෙනි, ස්ත්‍රියක් වේවා, පුරුෂයෙක් වේවා, කරුණා භාවනාව කළ යුතුයි."

මුදිතාවත් වැඩිය යුතුයි...

ඒ වගේම (භාවේතබ්බෝ මුදිතා) මුදිතා භාවනාවත් වැඩිය යුතුයි. මුදිතා භාවනාව කියන්නේ අනුන්ගේ යම් සැපයක් ඇද්ද, යම් සතුටක් සැපයක් විඳිනවාද, 'එය ඔහුගෙන් වෙන් නොවේවා...! ඔහු සතුට තුළ රැඳේවා...! ඔහු ශ්‍රද්ධාවෙන් දියුණු වේවා...! සීලයෙන් දියුණු වේවා...! ශ්‍රැතයෙන් දියුණු වේවා...! ත්‍යාගයෙන් දියුණු වේවා...! ප්‍රඥාවෙන් දියුණු වේවා...! ධනයෙන් දියුණු වේවා...! ධාන්‍යයෙන් දියුණු වේවා...! ගුණයෙන් දියුණු වේවා...! නුවණින් දියුණු වේවා...! සැපයෙන් දියුණු වේවා...! සොම්නසින් දියුණු වේවා...!' කියලා සිතීමයි.

සාමාන්‍යයෙන් දුප්පත් මනුෂ්‍යයෙක් චුට්ටක් දියුණු වෙලා එන විට ඒ ගමේ අය 'ඔහු තව තවත් දියුණු වේවා...!' කියලා හිතනවා නම් ඒක මුදිතා භාවනාව. නමුත් සාමාන්‍ය

මනුෂ්‍යයාට මුදිතාව ගොඩාක් ඈතයි. ඔවුන් බලන්නේ 'අපට නැහැ, ඔවුන්ටද නොලැබේවා...! අපට හදාගත නොහැකියි. ඔවුනටද නොහැදේවා...! අපේ දරුවෝ විභාග පාස් නොවෙති, අන්‍ය දරුවෝද ෆේල් වෙත්වා...!' යනුවෙනි. සමහර දෙමාපියෝ දරුවන්ට කියනවා "ආන් බලාපන්, අර කොලුවා පාස් වුණු තාලේ. උඹට තමයි බැරි" කියලා. ඒ ඊර්ෂ්‍යාව. ඒක හැම ක්ෂේත්‍රයකම තියෙනවා. උසස් අධ්‍යාපන ක්ෂේත්‍රය තුළ සරසවියක වුණත් එහෙමයි. පන්තියක් ගත්තොත්, ඒ පන්තියේ ළමයෙක් දක්ෂ විදිහට වැඩ කරනවා නම් අනිත් ඔක්කෝම එයාගේ බිඳ වැටීමක් බලාපොරොත්තු වෙනවා. කෙනෙක් මහන්සි වෙලා වැඩ කළොත් අනිත් අය කොහොම හරි බලන්නේ ඒක නැති කරන්න. ඒ සඳහා ගිහි පැවිදි කථාවක් නැහැ. මෛත්‍රිය, කරුණාව, මුදිතාව ගැන සාමාන්‍ය සමාජය තුළ කතා බහකවත් නැහැ.

අසත්පුරුෂකම පිළිබඳ කතාවක්...

මුදිතාව නැති සමාජයේ ගිහි පැවිදි භේදයක් නැහැ. හොඳට බැටකන්න තියෙනවා. තව කෙනෙක් දියුණු වෙනවා දැක්කම සතුට, සොම්නස ඇතිවීම තමයි මුදිතාව කියන්නේ. මේ සඳහා ස්ත්‍රී පුරුෂ කතාවක්, ගිහි පැවිදි කතාවක් නැහැ. මෙතැන තියෙන්නේ යහපත අයහපත, සත්පුරුෂ අසත්පුරුෂකම පිළිබඳ කතාවක්. මේ ලෝකයේ සත්පුරුෂයන් අඩුයි. අසත්පුරුෂයන් බහුලයි. මේ දේවල්වලට විසඳුම තියෙන්නේ මුදිතාව සමඟයි. එනම් 'මේ සත්වයන් සීලයෙන්, ගුණයෙන්, නුවණින්, දියුණු වේවා...!' යන සිතුවිලි සමඟයි.

මට එක අරණ්‍යයක ස්වාමීන් වහන්සේ නමක් කිව්වා, එහේ කවුරු හරි කෙනෙක් භාවනා කරනවා නම්

අනිත් පිරිස එකතු වෙලා කොහොම හරි ඒ භාවනාව කඩාකප්පල් වෙන්න කටයුතු කරනවා කියලා. ඒකට හේතුව මුදිතාව නැතිකමයි. ගිහි වේවා, පැවිදි වේවා අපට උදව් කරන්නේ අප තුළම ගොඩනැගෙන සත්පුරුෂ ගතිගුණ විතරයි. ඒ නිසයි බුදුරජාණන් වහන්සේ දේශනා කළේ චේතනාත්මකව යම්කිසි දෙයක් කරනවාද, රැස් වෙනවද, ඒක විපාක නොදී අවසන් වෙන්නේ නැහැ කියලා.

උපේක්ෂාව වැඩීමෙන් ආකාර දෙකකින් ලාභ

උන්වහන්සේ දේශනා කළා, "දරුවෙක් පොඩි දවසේ ඉඳලා උපේක්ෂාව වඩනවා නම් ඔහුට පව් රැස් වෙන්නේ නැහැ. පව් රැස්වෙන්නේ නැත්නම් දුකක් ස්පර්ශ වෙන්නේ නැහැ. මහණෙනි, ඒ නිසා පුරුෂයෙක් වේවා, ස්ත්‍රියක් වේවා, උපේක්ෂා භාවනාව වැඩිය යුතුයි" කියලා. මොකද '(කම්මස්සකා) සත්වයන් කර්මය ස්වකීය දායාදය කරගෙන වාසය කරන්නේය. සත්වයන් කර්මය පිළිසරණ කරගෙන වාසය කරන්නේය.'

මේ විදිහට උපේක්ෂාව වැඩීමෙන් ආකාර දෙකකින් ලාභ තියෙනවා. එකක් තමයි තමන්ට යම් යම් අඩු පාඩු සිද්ධ වෙන කොට එයා හිතනවා 'මේ සත්වයා ඔහු කරන දේම රැගෙන යයි. මට ඒකට කරන්න දෙයක් නැහැ...' කියලා. ඒ විදිහට කල්පනා කරලා හිත හදාගන්නවා. නමුත් සාමාන්‍ය සත්වයා තමන් හොඳ නම් හිතන්නේ 'මම මෙච්චර හොඳට ඉන්නැද්දී, මෙච්චර අවංකව ඉන්නැද්දී ඇයි මටම මෙහෙම වෙන්නේ...? ඇයි මටම මෙහෙම කරන්නේ...?' කියලා පසුතැවෙනවා. ඒ විදිහට හිතුවොත් ආයෙමත් ප්‍රශ්නය ඇවිස්සෙන්න පටන් ගන්නවා. ඊට පස්සේ එකට එක කරනවා. එහෙම නැතුව එයා කල්පනා

කළොත් 'ඔහු යමක් කරනවාද, ඔහු ඒක අරගෙන යාවි. මම යමක් කරනවාද, මම ඒක අරගෙන යනවා. මේ ලෝක සත්වයෝ යමක් කරයිද, ඒ සත්වයෝ ඒක අරගෙන යනවා' කියලා ඒ ඒ කෙනා කලබල නැති, තැන්පත් සිතකින් යුක්ත වෙනවා. එහෙම හිතුවේ නැත්නම්, අසාධාරණකම් ගැන හිතනවා නම් ඒවායේ ඉවරයක් නැහැ. කොහෙන් බැලුවත් අසාධාරණකම් ඕනතරම් තියෙන්න පුළුවන්.

උපේක්ෂාව තුළ කිසි කෙනෙකුට හානියක් නෑ....

උපේක්ෂාව ඒ විදිහට වඩනවා නම් එයාගෙන් කිසිම මනුෂ්‍යයෙකුට හානියක් නෑ. මෙහිදී එයා කල්පනා කරනවා '(**ඉත්ථියා වා භික්ඛවේ, පුරිසස්ස වා, නායං කායෝ ආදායගමනීයෝ**) ස්ත්‍රියක් වේවා, පුරුෂයෙක් වේවා, මේ ශරීරය අරගෙන යන්නේ නැහැ.' එහෙම නම් චිත්ත මාත්‍රයකින්ම තමයි මේ මනුෂ්‍යයා වාසය කරන්නේ. එතකොට චිත්ත මාත්‍රයකින් වාසය කළාට ඔහු නිතර පාවිච්චි කරන්නේ, ඔහුට භාවිතා වෙන්නේ ඔහුගේ කයයි. ඒ නිසා ඔහු කල්පනා කරනවා 'මේ කය මුල්කරගෙන යම්කිසි දෙයක් වුණාද, මම ඒක මෙහෙදීම විඳලා ඉවර කරනවා. මම මේක අරගෙන යන්නේ නැහැ' කියලා.

යමෙක් මෙහෙම හිතන්න නම් එයාට ජීවිතය ගැන විශාල අවබෝධයක් තියෙන්න ඕන. නමුත් බොහෝ අය හිතන්නේ මේක අරගෙන යන එකක් විදිහටයි. ඒ නිසා සමහර අය "මම ආයෙමත් ඔයාව හොයාගෙන එනවා" කියලා කියනවා. මේ ධර්මතාවයන් ගැන දැනුමක් නොතිබුණොත් පටු සිත විසින් ඔහුව ගොදුරු කරගන්නවා. ඒක විශාල අනතුරක්.

විශාල අනතුරක්...

කෙනෙක් මට ඇවිල්ලා කිව්වා, ඔහුගේ පියා මරණයට පත්වෙන්න ඉස්සර වෙලා හැමතිස්සේම කියලා තියෙනවා 'මම මේ මැරෙන කල් බලාගෙන ඉන්නේ. මම මැරුණාම නයෙක් වෙලා එනවා. ඇවිදින් උඹලා හැමෝටම දෂ්ට කරනවා' කියලා. සමහර විට මේ හොඳට හිත දියුණු කරන්න හැකි කෙනෙක් වෙන්නත් පුළුවන්. පටු සිතක් දිගටම පවත්වන්න පෙළඹුණු නිසා ඔහුගේ සිත යම්කිසි අදහසක සිරවුණා. ඔහුගේ සිත ඒකටම යට වුණා.

මේ වගේ අදහස්වල සිරවෙලා මනුෂ්‍යයන් මහත් ව්‍යසනයකට පත්වෙනවා. සමහර අය ද්වේෂයෙන් සිරවෙනවා. සමහරු ලෝභයෙන් සිරවෙනවා. "මම නම් මැරුණත් ඔයා දාලා යන්නේ නෑ. ආත්මයක් ගාණේ ඔයාගේ පස්සෙන්ම එනවා..." කියමින් මැරෙන අය ඉන්නවා. ඒ ඔවුන්ගේ පටු සිත. සමහර විට ඔවුන් මැරිලා එනවා. බේරන්න බෑ.

මීටත් වඩා හොඳ ධර්මයක් නෑ...

පටු සිතක ගොදුර බවට පත්වෙන්නේ පටු සිත තමන් ළඟ තිබෙන බව දන්නේ නැති කෙනා. මේ පටු සිත පළල් කරගන්න මීටත් වඩා හොඳ ධර්මයක් නෑ. උපේක්ෂාවට පත්වෙන කෙනා පටු සිත පවත්වන්නේ නෑ. මොකද එයාට 'මා විසින් යමක් කියනවාද, කරනවාද, හිතනවාද, මම ඒක අරගෙන යනවා... අන් අය යම්කිසි දෙයක් කියනවාද, කරනවාද, සිතනවාද, ඒක ඒ අය අරගෙන යනවා' කියන දැක්ම තියෙනවා. මෙහෙම හිතන කොට ඒ කෙනාට තේරුම් ගන්න පුළුවන්, මේ ලෝකයේ ප්‍රබල දෙයක් තියෙනවා. ඒ තමන්ගේ කර්මයට දාස වුණු බවක්. මේක දකිද්දී ඒ කෙනා සංසිඳෙනවා.

යශෝධරා දේවියගේ පියා නිරයේ ගියා. ඒ වගේම සහෝදරයා නිරයේ ගියා. ඇය ඒ දෙස බැලුවේ උපේක්ෂාවෙන්. ඒ අය යම් කර්මයක් කළාද, ඔවුන් ඒක දායාද කරගත්තා. නමුත් සමහර පවුල් මේ කර්ම ස්වභාවයම පිනකට හරවා ගත්තා. සාරිපුත්ත මහරහතන් වහන්සේගේ මුළු පවුලම ධර්මය අවබෝධ කළා. අන්තිම මොහොතේ අම්මත් මාර්ගඵල ලැබුවා. සහෝදර සහෝදරියෝ සියලු දෙනාම රහතන් වහන්සේලා. එක එක්කෙනාගේ කර්මානුරූප බලපෑම මත තමයි මේ ඔක්කෝම සිද්ධ වුණේ.

සියල්ලෝම කර්මය දායාද කරගත්තාහුය...

පින්වත්නි, බුදුරජාණන් වහන්සේ දේශනා කරනවා "පොඩි දරුවෙක් පුංචි කාලයේ ඉඳලා උපේක්ෂාව පුරුදු කළොත්, මේ දරුවාගෙන් පාප කර්මයක් සිද්ධ වෙන්නේ නැහැ. ඔහුගෙන් පාපකර්මයක් සිද්ධ වෙන්නේ නැත්නම් මේ දරුවා දුක ස්පර්ශ කරන්නේ නැහැ." එහෙම නම් පාපකර්මයක් කෙරුණොත් තමයි දුක ස්පර්ශ කරන්නේ.

ඒ නිසයි බුදුරජාණන් වහන්සේ 'මේ විමුක්ති චිත්තයන් මේ විදිහට දස දිශාවට දිශා වශයෙන් වඩන්න ඕන' කියලා දේශනා කළේ. උපේක්ෂා චේතෝවිමුක්තිය වඩන්නේ මෙහෙමයි. 'උතුරු දිශාවේ යම්තාක් සත්වයෝ සිටිත්ද, ඒ සියලු සත්වයෝද කර්මය දායාද කොට සිටින්නාහුය... කර්මය පිළිසරණ කොට සිටින්නාහුය... ඔවුන් කල්‍යාණ වූ හෝ, පාපී වූ යම් කර්මයක් කරයිද, ඒ සියල්ලම ඔවුන්ගේ දායාදය වන්නේය...' මේ විදිහට දස දිශාවටම උපේක්ෂාව වඩද්දී ඔහුගේ දෘෂ්ටියට, ඔහුගේ දැක්මට පේන්නේ 'මේ සියලු සත්වයෝ තමන්ගේ ක්‍රියාවට

වගකියන ජීවිත අරගෙන යන ගමනක් උරුම කරගෙන යන පිරිසක්ය' කියලයි.

මේ සියල්ල කතා කරන්නේ අනිත්‍ය ලෝකයකයි...

පින්වත්නි, අපේ මේ 'කරජකාය' තව කොතෙක් කල් තියේවිද කියලා අපි දන්නේ නැහැ. තව අවුරුදු සීයක් ඉදිරියට බැලුවොත් අපට වුණු දෙයක් හොයන්න නැහැ. මේ ගොඩනැගිලිවත් තියේවිද දන්නේ නැහැ. අපි බුදුරජාණන් වහන්සේගේ ධර්මයෙන් ප්‍රයෝජනය ගන්න කල්පනා කරන්නේ එච්චරටම අනිත්‍ය වූ ලෝකයකයි.

ඒ යුගයේ ධර්මාශෝක රජතුමා ගලෙන් අශෝක කුලුණු හැදුවා. ඒවා පොලිෂ් කරලා රජ්ජුරුවෝම බලාගෙන හිතන්න ඇති 'මේවා නම් බුද්ධ ශාසනය තියෙන කල්ම පවතියි' කියලා. නමුත් හිතන්න බැරි විදිහට ඒ සියලු දේ කැඩී බිඳී සුණුවිසුණු වී ගියා විතරක් නෙවෙයි, නාමමාත්‍රයක්වත් ඉතිරි නැතුව අතුරුදහන් වුණා. එබඳු ලෝකයකයි අපි මේ ධර්මය ඉගෙන ගන්නේ.

ඉතින් ස්ත්‍රීන් වේවා, පුරුෂයන් වේවා පුරුදු කළ යුතු දේ හැටියට බුදුරජාණන් වහන්සේ පෙන්නුවේ සතර බ්‍රහ්ම විහරණයයි. මේවා දිශා වශයෙන් වැඩිය යුතුයි. සමහර විට අපි ඔක්කෝම දෙනා මෙය නොකළත් පිනක් තියෙන එක්කෙනෙක් හරි කරගත්තොත් ඔහු මේ ලාභයේ හිමිකාරයා වෙනවා. මේ විදිහට එක්කෙනෙක් හරි හිතට වීරිය අරගෙන 'මම මේක කරනවා...' කියලා කරගත්තොත් ගෞතම බුදුරජාණන් වහන්සේගේ ධර්මය ඇසූ ලාභය ඒ කෙනාට හිමිවෙනවා. මේ තුළ තිබෙන්නේ බුදුරජාණන් වහන්සේගේ ධර්මය. එහි අපි පුහුණු නොකළ මානසික ස්වභාවයන් පුහුණු කිරීමේ ක්‍රමවේදයක් තිබෙනවා.

අවංක උත්සාහයක් ගනිමු...

පුංචි කාලයේ ඉඳන් අපි පුරුදු වෙලා තියෙන්නේ පොළොවේ හැප්පුණොත් පොළොවට ගහලා සතුටු වෙන්න. ලෝකයම ඇබ්බැහි වෙවී යන්නෙත් ඒ පුරුදු වුණු රටාවයි. එහෙම නම් මෙහෙම ධර්මයක් අහන්න ලැබීමත් විශාල ලාභයක්. නමුත් මෙය ඇගේ එල්ල ගන්න පුළුවන් එකක් නෙවෙයි. විටමින් එකක් වගේ ගිලින්න පුළුවන් එකකුත් නෙවෙයි. මෙය දරාගන්න තියෙන්නේ අපේම සිතින්. ඒකමයි අපට තියෙන දුෂ්කරතාවය.

අපි මෙතෙක් කාලයක් සිත පුරුදු කරලා තියෙන රටාව තුළ සිතට මේ දේවල් හුරුකර ගන්න එක අමාරුයි. සමහර විට අපේ පින මදිකමක් තියෙන්න පුළුවන්. නමුත් පින් මදි කියමින් කල්පනා කරමින් හිටියොත්, තියෙන පිනත් නැතිවෙන්න පුළුවන්. අපේ පිනේ ස්වභාවය අපට පේන්නේ නැහැ. ඒ නිසා කළ යුත්තේ මේ සඳහා අවංක උත්සාහයක් ගන්න එකයි.

ඉර්ධිපාද නැතුව කිසිදෙයක් කරන්න බෑ...

ඊළඟට අපි පටු සිතක් නැතුව පළල් සිතක් ඇතුව සිටීමට කැමති වෙන්න ඕන. මේ හැම ගුණයකටම **ඉර්ධිපාද** උපකාරී වෙනවා. ඉර්ධිපාදවලින් තොරව කිසිදෙයක් කරන්න බෑ. එක්කෝ **ඡන්ද ඉර්ධිපාදය**, එහෙම නැත්නම් **චිත්ත ඉර්ධිපාදය**, එහෙම නැත්නම් **විරිය ඉර්ධිපාදය**, එහෙමත් නැත්නම් **වීමංසා ඉර්ධිපාදය** උපකාර වෙනවා.

ඡන්ද ඉර්ධිපාදය කියන්නේ අපට ධර්මය පුරුදු කරගැනීමට බලවත් අවශ්‍යතාවයක් තියෙන්න ඕන. එහෙම නැත්නම් අපට බලවත් අධිෂ්ඨානයකින් උපදවාගත්තු බලවත් සිතක් තියෙන්න ඕන. එහෙම නැත්නම් බලවත්

වීරියක් තියෙන්න ඕන. එහෙම නැත්නම් බලවත් ප්‍රඥාවක් තියෙන්න ඕන. ඒකෙන් විතරයි මේ ස්වභාවයට එරෙහි වූ විශේෂ ගුණයක් ඇතිකර ගන්න පුළුවන් වෙන්නේ.

උත්සාහය වාසනාව මත පවතින දෙයක්...

පින්වත්නි, අපි දන්නවා ඈතට ගලක් ගහන්න වුණත් බලයක් උපද්දවන්න ඕන. නිකම්ම අතට ගලක් අරගෙන අත්හැරියොත් ඈතට යන්නේ නැහැ. ඒකට වුණත් අතින් යම්කිසි බලයක් යොදන්න ඕන. ඒ නිසා මේ හැමදේකටම බලවත්ව යොදවන කුසල පාක්ෂික ප්‍රධාන ගුණ හතර උපකාරී වෙනවා. ඒ තමයි මේ ඉර්ධිපාද.

මෛත්‍රිය වඩන්නත් මේවා අපට උපකාරී වෙනවා. අපි හිතමු, පින තියෙන දරුවෙකුට මේක ඇහුණා කියලා. ඒ දරුවා කල්පනා කරලා, සියලු අභියෝග මැද්දේ ගුටිකමින් හරි මෛත්‍රිය අඛණ්ඩව පැවැත්තුවොත් අනාගතයේ ලොකු ලාභයක් අත්පත් කරගන්නවා. ඒ විදිහට කෝටි සංඛ්‍යාත මනුෂ්‍යයන්ට ගන්න බැරි දෙයක් තනි කෙනෙක් අත්පත් කරගන්න පුළුවන්. ඒක එයාගේ තියෙන උත්සාහය, වාසනාව මත පවතින්නේ.

පින්වත්නි, අපි මේ ශරීරය අත්හැර යනවා. මනුෂ්‍යයා කියන්නේ චිත්තක්ෂණ මාත්‍රිකයි. බුදුරජාණන් වහන්සේ වදාළා, පටු සිතින් බැහැරව අප්‍රමාණ සුභාවිත සිතක් ඇතිකර ගන්න කියලා. අප සියලු දෙනාටත් අප්‍රමාණ සුභාවිත සිතක් ඇතිකර ගන්නට වාසනාව ලැබේවා...

සාදු! සාදු!! සාදු!!!

මහාමේඝ පුකාශන

.

www.ingramcontent.com/pod-product-compliance
Lightning Source LLC
Chambersburg PA
CBHW070536030426
42337CB00016B/2227